Cuarzos cuánticos, maestrías atlantes

Nina Llinares

Cuarzos cuánticos, maestrías atlantes

EDICIONES OBELISCO

Si este libro le ha interesado y desea que le mantengamos informado de nuestras publicaciones, escríbanos indicándonos qué temas son de su interés (Astrología, Autoayuda, Ciencias Ocultas, Artes Marciales, Naturismo, Espiritualidad, Tradición...) y gustosamente le complaceremos.

Puede consultar nuestro catálogo en www.edicionesobelisco.com

Colección Espiritualidad y Vida interior
CUARZOS CUÁNTICOS, MAESTRÍAS ATLANTES
Nina Llinares

1.ª edición: diciembre de 2022

Maquetación: *Isabel Also*
Corrección: *TsEdi, Teleservicios Editoriales, S. L.*
Diseño de cubierta: *Enrique Iborra*

Edita: Ediciones Obelisco, S. L.
Collita, 23-25. Pol. Ind. Molí de la Bastida
08191 Rubí - Barcelona - España
Tel. 93 309 85 25
E-mail: info@edicionesobelisco.com

ISBN: 978-84-9111-916-6
Depósito Legal: B-19.546-2022

Impreso en SAGRAFIC
Passatge Carsí, 6 - 08025 Barcelona

Printed in Spain

Dedicatoria

A Flora, que nació cuando este libro era alumbrado.
A Sofía, su mamá, por el amor con el que la trajo a la vida.
A Feli, su hermanito, por los besos y abrazos con los que la mima.
A Julián, por el amor a su familia y por amar
a Flora como a una estrellita.

CUARZOS CUÁNTICOS, MAESTRÍAS ATLANTES

Este libro trata sobre una maestría antigua, la de la realidad cristalina del cuarzo inscrita en tu corazón, donde está, más allá del tiempo, tu vínculo con el mensaje de los cuarzos cuánticos y el sentido evolutivo de sus maestrías: el equilibrio, la armonía, la paz interior y exterior, y la verdad de tu alma como viajera de mundos y realidades.

Los cuarzos cuánticos se originaron en el interior de la Tierra desde el mismo momento de su formación. Fueron formándose y convirtiéndose en maestros de sabiduría cristalina desde los tiempos de Mu, Lemuria, y pasaron a ser considerados auténticos archivos de sabiduría en Atlántida, civilización que, en su apogeo, unió la espiritualidad y la tecnología, aunque, como ya sabes, ni la ciencia ni la historia validan su existencia.

La información que contienen los cuarzos cuánticos no es racional, ni intelectual, ni científica, ni histórica; es energética, y por lo tanto atraerá exclusivamente a personas como tú, por eso tienes este libro en tus manos. Personas a las que la palabra Atlántida les resuena en su corazón sin necesidad de más pruebas.

En la descripción y cualidades de cada uno de estos siete cuarzos maestros cuánticos, irás descubriendo con cuál o cuáles de ellos tienes mayor resonancia, aunque todos ellos son muy interesantes, evolucionados y valiosos para tu crecimiento evolutivo personal.

Aprenderás a identificarlos físicamente y te resultará fácil encontrarlos en las tiendas especializadas de minerales, o quizá reconocerlos en los que ya tienes contigo para tus prácticas de meditación, canalización o visualización. Incluso puede que algunos de ellos te resulten ya familiares; quizá los conozcas por otros nombres, ya que, como leerás, te incluiré en cada uno de los apartados el nombre por el que son conocidos o comercializados, además de su nombre como maestro cuántico atlante, ya que su sabiduría, heredada de otras civilizaciones igualmente antiguas, procede de tiempos previos a la historia escrita, de la que, como te decía, no quedan registros científica o históricamente.

Sin embargo, si ya estás en contacto con las maestrías de los cuarzos y su inagotable sabiduría, sabrás que todo lo que ha existido y ha contribuido al despertar de conciencia y de consciencia de los seres humanos, y, por lo tanto, al aprendizaje evolutivo en esta realidad de tercera dimensión, queda archivado, grabado y resguardado en los llamados anales akáshicos.

Y éste es el motivo por el que dicha sabiduría regresa ahora a tus manos, para que la compruebes por ti mismo y la lleves a la práctica.

La información descrita en este libro para cada uno de los cuarzos cuánticos es para que la compruebes por ti mismo y la integres en ti, la lleves a la práctica y, sobre todo, para que retomes, refuerces o descubras tu vínculo con ellos, con cada uno de ellos y sus maestrías. Y, sin duda, formarán parte de tus cristales personales más especiales y valiosos.

Información desvelada

Su sabiduría, su maestría, la encontrarás siempre detrás de un velo: el velo de tus ojos. Quiero decir que es imprescindible que encuentres, fortalezcas e incorpores en tu vida un tiempo para meditar, ya que no existe otra manera más eficaz para conocer todos sus secretos y enseñanzas, y así las prácticas de meditación/conexión que te iré sugiriendo en cada una de las siete maestrías cuánticas se afianzarán con cada una de las meditaciones que posteriormente sigas realizando a tu ritmo y elección; ya sabes que no será cuestión de tiempo, sino de calidad de tiempo: puedes proponerte realizarlas una vez a la semana o una vez al mes, pero la responsabilidad de que esta enseñanza se afiance en tu vida sólo depende de ti.

Comprobarás que la información contenida en este libro es intensa y transformadora, por lo que te sugiero que no tengas prisa y que disfrutes con las prácticas sugeridas para cada una de estas maestrías.

Te recomiendo que desde el primer momento que empieces a leer este libro, tengas a mano un cuaderno de trabajo especial para ir anotando todas tus conexiones, reflexiones, experiencias y meditaciones con cada una de estas maestrías cuánticas, ya que todo lo que pueden aportarte cada una de estas maestrías y su sabiduría es inagotable.

Puede ser que este libro abra las alas de tu corazón, pero seguir volando sólo dependerá de ti.

Formato de cada maestría cuántica

En cada una de la siete maestrías, tendrás tres apartados:

- **Reconocimiento visual:** descripción física, visual, del cuarzo maestro cuántico, su forma, su manera de reconocerlo, de identificarlo, incluyendo imágenes en el enunciado para que te resulte mucho más fácil.
- **Teoría:** explicación de sus cualidades energéticas, sus atributos, características y utilidades.
- **Práctica:** guía práctica para que realices la conexión, de manera que, a través de la meditación, puedas conectar con su esencia, con su sabiduría cristalina.

Recordemos ahora las maravillas del cuarzo, el mineral más evolucionado que podemos tener entre nuestras manos.

Cuarzo: una realidad aparte

Todo lo que voy a explicarte ahora quizá ya lo sepas, pero nunca viene mal recordarlo, y además te servirá para cada uno de los cuarzos cuánticos y sus maestrías.

Estabilidad. Por su composición química estable, los minerales considerados sanadores por todas las culturas ancestrales nos ayudan a estabilizarnos; ya sea por su forma, por su gama cromática..., cada uno de ellos posee una afinidad con alguno o varios de nuestros centros vitales o chakras. También por la sintonía con nuestra preferencia, según sean nuestros colores preferidos al elegir minerales de dichas tonalidades. Ellos, nuestros minerales preferidos, son, en su gran mayoría, los que para todas las etnias han sido considerados y utilizados desde tiempos remotos como medicina natural o remedios de la Madre Tierra; los que por su resonancia especial, efectiva y particular, nos aportan a los seres humanos la estabilidad, la ayuda energética que podemos necesitar.

Consciencia cristalina. Sin embargo, cuando hablamos de cuarzos, hablamos de los seres cristalinos más evolucionados que existen dentro del reino mineral, debido a que en su crecimiento, sus átomos, sus moléculas, siguen un camino de crecimiento consciente dirigiéndose a un fin determinado: el ápice.

Esto quiere decir que cuando un ser, mineral en este caso, mantiene en su formación una dirección de propósito, existe por añadidura una consciencia de finalidad, y es, desde su ápice, donde podemos comprobar –de manera sensitiva o con aparatología científica apropiada– que emite su energía de manera constante, emergiendo por el ápice, además de tener en todo el contorno de su estructura un campo bioenergético –aura– estable y poderoso.

El color de los cuarzos maestros cuánticos

Los cuarzos maestros cuánticos pueden tener diferentes tonalidades, siendo todos ellos cuarzos y caracterizándose por su terminación en vértice, ya que los demás minerales pertenecientes a la familia del cuarzo, como el cuarzo verde, cuarzo rosa, cuarzo ojo de tigre, etc. no poseen una estructura de crecimiento que les permita, de manera natural, la terminación en vértice, aunque podemos encontrarlos en el mercado tallados y facetados por la mano del hombre, por lo que hay que tener en cuenta que los cuarzos que pueden ser cuarzos maestros cuánticos son los siguientes:

- Cuarzo cristal de roca o transparente
- Cuarzo blanco o lechoso
- Cuarzo ahumado
- Cuarzo citrino
- Cuarzo amatista
- Cuarzo ametrino
- Cuarzo turmalinado
- Cuarzo rutilo
- Cuarzo hematoideo

Cuarzo cristal de roca: se caracteriza por su transparencia. La mayoría de ejemplares de cuarzo cristal de roca terminan en vértice –especialmente los que son en sí mismos cuarzos maestros cuánticos–, otros puede que lleguen a nuestras manos con la apariencia de trozos de roca, algunos pueden estar tallados o facetados respetando siempre su forma natural, otros los podremos encontrar en estado puro tal y como han sido sacados de la mina, algunos totalmente naturales los encontraremos con su base tallada para que puedan colocarse de manera vertical con más facilidad.

Las cualidades energéticas generales de un cuarzo cristal de roca son, a grandes rasgos, las siguientes: dinamizador, activador, resonador, potenciador, clarificador, estabilizador, sanador, revelador y condensador pránico (al igual que todos los demás cuarzos).

Cuarzo lechoso: tiene las mismas características descritas anteriormente pero su interior no es nítido: presenta tonalidades blanquecinas, nebulosas, incluso puede ser muy blanco. Sus calidades energéticas a grandes rasgos son: calmante, activador, clarificador, protector, sanador.

Cuarzo ahumado: su forma y terminación es idéntica a los demás cuarzos, pero su color es de tonalidad marrón ahumado. Es un cuarzo muy valorado por su capacidad energética de arraigo a la tierra, a la realidad cotidiana. También por su propiedad purificadora, limpiadora y liberadora de energías negativas que pudiera haber en el campo áurico. Y además es muy importante por su cualidad especial como estabilizador de posibles bloqueos energéticos de origen emocional (recuerdos tristes, traumas, shocks, enganches, dependencias a lugares, cosas o personas, etc.), y especialmente también por su capacidad protectora al aportar estabilidad, confianza en uno mismo, seguridad y equilibrio personal.

El cuarzo ahumado es muy valorado en terapias holísticas para la eliminación de nudos energéticos que pueden estar impidiendo que nos comuniquemos fluidamente a la hora de expresar nuestros pensamientos o sentimientos.

Otra de sus cualidades energéticas es que son especiales para limpiar el aura y los chakras de energías negativas, estancadas. Además es estabilizador, sanador y revelador.

Cuarzo citrino: su color es de tonalidad amarilla clara, dorada, parecida al color del vino blanco o al zumo de limón. (Si su tonalidad es exageradamente amarillenta o anaranjada, se tratará de un cuarzo amatista tratado con calor para lograr que cambie su tonalidad original de manera forzada, no natural).

Las cualidades energéticas del cuarzo citrino son: activador; aporta energía de renovación, dinamizador, revelador, sanador, estabilizador, potenciador.

Cuarzo amatista: su color es violáceo, lila, purpura, y puede ser muy transparente o de una tonalidad profundamente violeta.

Éste es uno de los cuarzos más valorados por los sanadores holísticos para meditar, canalizar y estar en contacto con el Yo Superior y con los guías espirituales. Se considera especialmente favorecedor para las mujeres por su resonancia eficaz para el empoderamiento, la confianza, la libertad, la sanación de heridas del corazón y / o el recuerdo de experiencias dolorosas o limitadoras. Igualmente favorece a los hombres, ya que, además de estas cualidades descritas, potenciará y equilibrará la intuición, el lado femenino de nuestra naturaleza, independientemente de si se es hombre o mujer. Posee muchas propiedades energéticas, entre ellas: trasmutador, liberador, protector, estabilizador.

Cuarzo ametrino: también llamado bolivianita, ya que se encuentra exclusiva o mayoritariamente en Bolivia, y es, de manera natural, la fusión del cuarzo amatista con el cuarzo citrino, por lo que a nivel energético aporta unidas las cualidades descritas tanto de la amatista como del citrino.

Cuarzo turmalinado: se trata de un cuarzo que puede ser transparente, o lechoso, o ahumado, o citrino, e incluso amatista, pero que contiene de manera natural pequeñas agujas de turmalina negra en su interior, lo cual le aporta una capacidad yin-yang muy valorada por los sanadores holísticos para realizar pases áuricos de armonización y limpieza. Sus propiedades, especialmente cuando se trata de cuarzo cristal de roca con turmalina, son: equilibrador, sanador, estabilizador, potenciador, restaurador, liberador, protector.

Cuarzo rutilo: algunos cuarzos –transparentes, citrinos, ahumados– contienen en su interior agujas o hililllos de rutilo dorado o de titanio (en el caso de que dichas agujas sean de color plateado). Aporta al cuarzo que lo contiene una vibración energética más intensa y se utiliza especialmente en los tratamientos que requieran fortalecer el sistema inmunológico.

El cuarzo rutilado es muy valorado para las meditaciones de visualización y canalización. También es conocido como cuarzo cabello de Venus, cuarzo cabello de ángel. Cuarzo agujas.

Cuarzo hematoideo: es el cuarzo que, en su crecimiento y formación, se asocia con el hierro. Su tonalidad puede ser dorada amarillenta o rosada rojiza. También es conocido como cuarzo dorado y en ocasiones como cuarzo fresa.

Los cuarzos maestros cuánticos pueden ser físicamente del color de alguno de los anteriormente descritos.

¿QUÉ ES UN CUARZO CUÁNTICO?

Se le llama cuántico porque está más allá de las leyes del tiempo y del espacio; es y está simultáneamente en varias dimensiones a la vez y no le afecta el tiempo a pesar de ser un objeto material.

Un cuarzo no come, no duerme, no envejece y, a menos que se te caiga de las manos, no se deteriora, no se rompe, no muere.

Cada uno de los cuarzos maestros cuánticos que forman parte de las llamadas maestrías cuánticas de este libro puede convertirse para ti en un cuarzo maestro personal de autoconocimiento y crecimiento personal.

Y con la práctica, establecerás una especial conexión con cada uno de tus cuarzos maestros cuánticos; serán tus cuarzos maestros personales.

Maestro personal

Un cristal personal es el que utilizas asiduamente para meditar, para tenerlo en tu altar personal o para realizar trabajos energéticos.

Los cristales maestros personales son aquellos que llegan a tu vida para traerte una enseñanza determinada según sea tu inquietud, tu vínculo con sus maestrías y el tiempo que le dediques a la práctica de conexión.

Pensamiento cuántico: cualidad del cerebro

Como te decía, aunque a los cuarzos no les afecta la ley del tiempo, no dejan por ello de ser objetos materiales: los tienes en tus manos, tienen peso.

Y ellos, más que ningún otro objeto de poder material, son objetos que contienen información de datos cuánticos, o sea, de datos que están más allá del espacio y del tiempo: son es sí mismos auténticos bancos de datos capaces de transferir información depositada en ellos desde hace millones de años, y ésta información no se desvirtúa ni se altera.

El acceso a este campo de información es a través del estado meditativo, con nuestra mente cuántica, holográfica y multidimensional (más allá de la realidad que apreciamos con los ojos abiertos, de la que sólo percibimos, tal y como dice la ciencia, un 3 % de lo que realmente existe a nuestro alrededor) capaz de acceder a un estado de conciencia expandida propia del cerebro, que entrará en resonancia con la consciencia cristalina.

¿Se vuelca toda la información que contiene un cuarzo maestro cuántico?

No, porque no es una información estructurada al modo de la mente/aprendizaje racional/intelectual.

La información cuántica de los cuarzos cuánticos se vuelca según el nivel de consciencia, el nivel evolutivo y el vínculo que cada persona tiene con uno o más de sus cuarzos maestros cuánticos. En este sentido, un mismo cuarzo maestro cuántico puede transmitir información diferente a dos personas, o a una misma persona en momentos o circunstancias personales diferentes.

¿Es necesario tenerlo físicamente?

Sí. Por un motivo importante: tú eres materia y resuenas con todas las dimensiones, pero principalmente con la tercera dimensión, física, material, y el cuarzo también es materia.

Lo que es cuántico es tu mente cuántica (multidimensional), y la información contenida en el cuarzo, su consciencia, su esencia cristalina, es en sí misma multifrecuencial.

Para entrar en resonancia, la conexión tiene que ser materia + materia y energía + energía a la vez, o sea, cualidad cuántica propia de la energía: materia/luz, tanto de los seres humanos como de los cuarzos cristalinos. Por todos estos motivos, repito, sí, es necesario tenerlos físicamente, sostenerlos entre tus manos para que estén dentro de tu campo bioenergético, en contacto y conexión con tu propia resonancia.

El cuarzo cristal: condensador pránico

El prana es la energía sutil que anima la vida. La energía pránica no se ve de manera común a menos que seamos videntes (facultad llamada extrasensorial y que permite ver el aura o energía envolvente que toda materia posee) o que hayamos desarrollado la visión aural (capacidad de los ojos físicos con la que podemos enfocar la mirada y percibir con claridad los campos bioenergéticos que rodean a todo objeto material y que principalmente en las personas, plantas, animales y minerales puede fluctuar según condicionamientos tanto externos como internos, como por ejemplo los sentimientos, los pensamientos, las emociones, etc.).

El cuarzo cristal y sobre todo los cuarzos maestros poseen la capacidad de condensar (almacenar), proyectar y dirigir la energía pránica.

Esto quiere decir que los cuarzos, y sobre todo los cuarzos maestros, poseen consciencia cristalina pero no voluntad propia: cómo, cuándo y para qué utilizan la energía pránica que son capaces de almacenar y dirigir estará siempre en función de la persona que los utiliza como herramienta de autoconocimiento o de sanación a pacientes, o consigo misma para su propio proceso de crecimiento personal en cuanto a su expansión de conciencia y desarrollo psíquico-espiritual.

Los cuarzos maestros interactúan con la voluntad-sentimiento de quien interactúa con ellos y los sostiene en sus manos en sus trabajos energéticos de meditación, visualización y/o canalización.

Afinidad. El cuarzo está compuesto de sílice y su estructura molecular en su crecimiento se parece al ADN humano. Los seres humanos poseemos cristales, sílice, en todos nuestros órganos.

Existe, pues, una resonancia por afinidad muy especial para interactuar con ellos, con su información, con sus cualidades, con sus maestrías.

Cuidados especiales para cada uno de tus cuarzos cuánticos

Limpieza. Se limpian con agua y sal o agua de mar. Si no quieres limpiar tus cuarzos con agua y sal, puedes hacer una infusión de salvia o de romero o tomillo, y cuando esté fría, puedes sumergir tu cuarzo para su limpieza. Lo que no puedes hacer es limpiarlos con otros métodos por un sencillo y poderoso motivo: el agua es el disolvente universal por excelencia capaz de limpiar adherencias psíquicas, emocionales, desarmónicas. La sal es un mineral minúsculo cuando la disolvemos en agua, que microscópicamente no llega a diluirse por completo precisamente por tratarse de un mineral que, dicho sea de paso, no daña la superficie del cuarzo. Ten en cuenta que los cuarzos son resistentes, de gran dureza, y que en la mayoría de ocasiones, cuando llegan a nuestras manos han sido limpiados con ácido sulfúrico para eliminar sus adherencias terrosas, arcillosas y otras sustancias incrustadas en su superficie. El agua de mar o la dilución de sal en agua ha sido el método de limpieza y purificación ancestral utilizado desde tiempos antiguos por todos los sanadores naturales en toda la faz de la tierra. Aun así, si tienes algún reparo personal en utilizar la sal disuelta en agua para limpiarlos, usa alguna de las infusiones propuestas.

Recarga. Cuando quieras potenciar la vitalidad de tus cuarzos, puedes exponerlos al sol de las primeras horas de la mañana o del atardecer, o a la luz de la luna en su fase creciente o llena.

Una manera eficaz y especial de aportarles vitalidad a tus cuarzos maestros es la miel; para ello, se sumergirán en agua a la que se le habrá diluido una cucharadita de miel de flores que amplificara su potencial energético.

Otro método revitalizante es situarlos debajo de una estructura piramidal y dejarlos durante el tiempo que tu intuición te diga.

El humo del incienso dirigido con tu aliento sobre la superficie de tus cuarzos también potenciará su vitalidad.

El sonido del cuenco, ya sea tibetano o de cuarzo, es otra manera de recargar de vitalidad tus minerales, especialmente los cuarzos.

También puedes situarlos periódicamente sobre un lecho de semillas de lino dorado o de cualquier otra semilla que para ti sea especial.

El poder revitalizante de la tierra, ya sea en la naturaleza, en tu propio jardín o incluso si los sitúas sobre la superficie de la tierra de una maceta de vez en cuando, aportará una especial energía revitalizadora a tus cuarzos. Colocarlos sobre una drusa de cuarzo amatista o de cristal de roca será otra manera de que tus cuarzos fortalezcan su vitalidad cristalina.

Especialmente valiosa y única es la recarga de vitalidad que puedes aportarles a cada uno de tus minerales especiales, como lo es cada uno de tus cuarzos maestros, con el latido de tu corazón; para ello, en cada ocasión que así te lo diga tu intuición, sólo tienes que situar tu cuarzo sobre el latido de tu corazón durante unos minutos. De esta manera reforzarás, además, tu vínculo con cada uno de ellos.

LOS SIETE CUARZOS MAESTROS CUÁNTICOS

La información que te comparto en este libro es el fruto de mi experiencia y práctica personal y docente que he ido recopilando durante años de trabajo (más de quince años de trabajo con cada una de las siete maestrías) y contrastando, nutriendo y enriqueciendo en cada grupo de personas a las que les he impartido tanto la información como la guía de las conexión y meditaciones en forma de curso presencial a lo largo de muchos años. Es decir, tienes en tus manos una información contrastada y experimentada.

Sus denominaciones

Sus nombres no han sido escogidos al azar, sino mediante una significación que define, de alguna y muchas maneras, su trayectoria, sus atributos, características y cualidades. Quizá ya conoces mi libro o has realizado mi curso presencial de Cuarzos Maestros, pero los que aquí te presento, y sobre todo su enfoque y manera de interactuación, son diferentes, son las maestrías cuánticas que, desde los tiempos de la Atlántida, han estado esperando que nuestra consciencia y resonancia se afinara de nuevo con su sabiduría.

Las siete maestrías cuánticas

- **Cuarzo cuántico Urantia**
- **Cuarzo cuántico del Maestro**
- **Cuarzo cuántico Esfinge**
- **Cuarzo cuántico Archivo Akáshico**
- **Cuarzo cuántico Uluru**
- **Cuarzo cuántico Solar Atlante**
- **Cuarzo cuántico Semilla**

La enseñanza de cada uno de los maestros cuánticos es:

- **Cuántico Urantia:** conexión con tus lugares de poder
- **Cuántico del Maestro:** comprender los miedos personales
- **Cuántico Esfinge (andrógino primordial):** dualidad y polaridad
- **Cuántico Archivo Akáshico:** acceso a tu registro akáshico
- **Cuántico Uluru:** madres cósmicas. Animales tótem
- **Cuántico Solar Atlante:** entidades solares
- **Cuántico Semilla:** meta de vida, proyectos

CUARZO MAESTRO CUÁNTICO URANTIA

Reconocimiento visual

El cuarzo cuántico maestro Urantia es una especial amatista súper siete, nombrada así por contener en su composición siete principales componentes, algunos de los cuales pueden observarse a simple vista, tal y como puedes apreciar en las imágenes.

Estos siete componentes son: cuarzo amatista, cuarzo ahumado, cuarzo transparente, cacoxenita, rutilo, lepidocrita y goethita.

Podemos encontrarla en forma natural, en drusa, tallada, en colgante, pulida, facetada o en lámina: en su corte laminado podemos apreciar mucho mejor sus componentes.

La preferencia personal basada en tu intuición te sugerirá la más idónea para ti. Evidentemente, la más efectiva será la que más natural sea, ya que su resonancia será más completa; sin embargo, puedo afirmar que aun siendo una lámina o corte de amatista súper siete, lo importante, su maestría, se expresará cuando, al meditar con ella, la sitúes sobre la zona del entrecejo, en tu Tercer Ojo.

Es una amatista de elevado precio porque no es abundante, pero es conveniente que por lo menos elijas una para tu trabajo personal sin que tengas en cuenta su precio, puesto que energéticamente ya sabes que los minerales no tienen precio sino valor, y, además, es para tu propio crecimiento personal, o sea, que la inversión merece el esfuerzo.

Teoría

La amatista súper siete como cuarzo maestro cuántico Urantia

¿Por qué el nombre de Urantia? Urantia quiere decir«Planeta Tierra». Y la especialidad cuántica de esta particular y sensacional amatista es la de ser en sí misma una llave de acceso a los lugares de poder que para ti sean especialmente significativos, ya sea porque tu intuición te dice que tienes un vínculo especial con estos parajes o ya sea porque en algún momento de tu vida has estado allí físicamente y tu corazón te recordó que era un antiguo hogar, un lugar especial para tu alma, para tu naturaleza y sensibilidad particular.

Como cuarzo cuántico, su maestría nos proporciona una llave de acceso sanador y revelador con los lugares por los que sentimos afinidad, ya sean lugares de poder personales o lugares de poder marcados geobiológicamente por estar ubicados en enclaves especiales, siempre y cuando estos lugares particularmente poderosos sean afines a ti, es decir, que resuenen en ti de manera sensitiva hasta el punto de que esté en tu experiencia práctica haber estado allí o tengas el propósito de ir de forma personal en algún momento idóneo.

Lugares de poder

La resonancia de estos lugares es lo que te hace sentir de manera totalmente intuitiva –no hay un porqué racional– afinidad con ellos y la intención, en ocasiones de pura necesidad vital, de estar allí físicamente viajando hasta el lugar que te indica tu corazón, tu sentimiento, tu intuición.

Esta energía de afinidad y atracción es propia de los lugares de poder, más allá de la motivación turística de conocer el lugar por curiosidad. Los lugares de poder son lugares a los que tu corazón, no tu razón, demanda ir, estar allí, respirar el aire especial de estos enclaves, sentir su resonancia en ti.

Los llamados lugares de poder son capacitadores (te capacitan, te ayudan a abrir caminos que tu alma demanda seguir), resonadores (resuenan con el anhelo de tu ser), atractores (potencian la ley de atracción para que puedas atraer circunstancias favorables a tu naturaleza, creatividad y proyectos personales), revitalizadores (albergan la cualidad de potenciar tu vitalidad, tu salud, tu energía en general de manera holística), siempre y cuando tengas afinidad con ellos, ya que de no ser así, solamente son enclaves de gran belleza y originalidad, donde la mayoría de turistas van a hacerse fotos. Nada más. Si no hay vínculo, no hay resonancia, y todo el potencial de estos poderosos lugares pasa desapercibido.

Influencia de los lugares de poder

Los lugares de poder incrementan tu poder en varios sentidos:

- tu poder sanador
- tu poder de bienestar
- tu poder creativo
- tu poder generador de prosperidad
- tu poder de autoestima, de iniciativa, de fuerza interior para realizar los cambios o reajustes que necesites llevar a cabo en algunos aspectos importantes de tu vida y tus circunstancias

Ubicación de los lugares de poder

Un lugar de poder es un lugar, generalmente en plena naturaleza, en el que te sientes muy bien, como si el lugar te acogiera, te nutriera y te llenara de fuerza interior y exterior.

Un lugar de poder puede ser un enclave especial conocido o no.

Un lugar de poder puede estar muy lejos de donde naciste o puede estar cerca, puede ser conocido o puede ser totalmente de elección personal, como un bosque, una cima de montaña, un rincón en una playa significativa para ti, un árbol especialmente importante para ti, donde te gusta relajarte, sentarte a leer, a meditar, a llenarte de vitalidad, a entrar en conexión contigo mismo.

Un lugar de poder posee además una especial y significativa energía placentera en la que en muchas ocasiones se siente que es un refugio luminoso; te sientes como en tu hogar energético.

Urantia: la Tierra

La Madre Tierra es en sí misma una biblioteca viviente: los llamados lugares de poder contienen la memoria sutil de acontecimientos que han podido suceder allí en otros tiempos, pero también son puntos clave energéticos de recursos de elevación vibracional (ése es su poder) que potencian, sanan, equilibran nuestro campo bioenergético –aura y chakras– al expandir nuestro nivel de conciencia, y éste es el principal motivo por el que sientes o intuyes que tienes que ir físicamente a estos lugares para poder entrar en resonancia con ellos.

Son capacitadores en el sentido de que te aportan, te capacitan de recursos energéticos para que tu conciencia se expanda, tus centros vitales cobren vitalidad, tu autoestima se fortalezca, para que renueves tus metas y propósitos, para que sanes heridas del corazón si las hubiera, y tantas otras cuestiones que siempre mejorarán tu vida y tus circunstancias. Y estos lugares, conocidos o no, pueden estar en cualquier punto geográfico de la Tierra.

Lugares de poder: archivos vivientes

El hecho de que sea un lugar físico y que tengas que ir físicamente se debe a que en estos lugares hay archivos akáshicos que, de manera cuántica, es decir, sin importar el tiempo que haya podido transcurrir, allí, en estos enclaves, hay registros de memoria especiales para ti y que resonarán contigo según tu nivel de consciencia y según tu nivel evolutivo: el hecho de que sientas atracción y afinidad por estos lugares es el mensaje claro de tu alma, de tu plan evolutivo, de tu corazón y de tu intuición para que tu intención sea estar ahí, ir físicamente allí, aunque sólo sea una vez en tu vida (en los lugares que se encuentran lejanos de dónde vives), y ella, Urantia, el espíritu consciente de la Madre Tierra, te entrega, a través de uno de sus minerales más poderosos y valiosos, una llave de acceso para que te resulte mucho más fácil activar en tus centros vitales la resonancia que te hará recordar (no de manera racional, sino a través de sincronicidades) el vínculo que te servirá para realizar los reajustes necesarios en estos tiempos de cambio en los que te encuentras en tu actual encarnación, en tu momento presente.

Éste es el poder cuántico principal de la amatista súper siete: abrir e integrar esta información para que te sirva como facilitador de tu propio proceso evolutivo dentro de las circunstancias que los momentos actuales requieren (recursos, renovación, liberación y, sobre todo, confianza).

Los lugares de poder son puntos clave de información.

Son lugares akáshicos donde la información se encuentra a disposición de quien resuena –tiene el vínculo y el propósito– de recibirla; en estos lugares, la Madre Tierra conserva registros que nos sirven para nuestro propio avance personal y espiritual.

Y la maestría del cuarzo cuántico Urantia es una llave de acceso a estos lugares que resuenan contigo.

Práctica de conexión

La práctica de la maestría cuántica con el cuarzo maestro Urantia requiere necesariamente que, además de disponer de tu propia amatista súper siete personal, idealmente con vértice y de un tamaño de mediano a grande según tu preferencia, la lleves o la hayas llevado contigo a estos lugares de poder que para ti sean significativos.

La capacidad cuántica de la amatista súper siete le permite haber recabado información cuando la has llevado contigo en algún viaje donde has estado en un lugar de poder, o bien cuando has estado en algún lugar de la naturaleza conocido o desconocido, cercano o lejano a donde tú vives, pero que para ti es especial, y ahora, si tú quieres, puedes realizar la sintonización para que puedas recibir la información que ese lugar de poder especial para ti te trasmite.

Igualmente, la sintonización puedes realizarla a propósito de forma directa, físicamente, en el lugar de poder de tu elección. Los pasos que hay que seguir para la sintonización serán los mismos en cada ocasión.

Sintonización

Cuando estés en uno de tus lugares de poder preferidos y quieras recabar la información akáshica que para ti hay en ese lugar especial por el que sientes sintonía, debes permitir que se impregne su consciencia cristalina, y, más tarde, después de un tiempo que tu intuición te indicará, volcarás la información recibida.

Con la práctica, irás desarrollando y fortaleciendo tu capacidad de sintonización inmediata y podrás acceder en el mismo momento a dicha información.

Los pasos que te sugiero seguir tienen como objetivo que fortalezcas la seguridad y la experiencia en este tipo de comunicación cuántica.

No tengas prisa y disfruta de la experiencia.

Paso 1

Prepara tu lugar de meditación tal y como tengas costumbre. Y si estás en la naturaleza, elige un lugar que tu intuición te diga que es el idóneo para sentarte cómodamente y disponerte a realizar una meditación.

Toma entre tus manos tu amatista súper siete y obsérvala detenidamente.

Si estás en la comodidad de tu hogar, puedes acompañarte de una música especialmente relajante, prender una vela y un incienso de tu preferencia, y te recomiendo que realices esta conexión/sintonización en posición sentada para mantener la atención cuando cierres los ojos, relajado, sin riesgo a dormirte.

Paso 2

Sitúa tu amatista sobre el latido de tu corazón e «infórmale» de tu propósito; por ejemplo: «Te doy las gracias por estar en mi vida y por haberme acompañado a... (el lugar donde te encuentras), y ahora es mi voluntad que recabes toda la información que pueda haber en este lugar para mi mayor bien».

Permanece unos minutos tratando de tener tu atención enfocada en tu cuarzo que está entre tus manos, sintiendo, respirando, tratando de no pensar, sino de sentir a través de la respiración, el aroma, los sonidos, la calma y la paz peculiares del lugar donde te encuentras.

Para finalizar, agradece al lugar y a tu cuarzo cuántico el trabajo, la sintonía realizada. Abre los ojos y guarda, envuelto en alguna tela especial, tu cuarzo cuántico Urantia, tu amatista súper siete.

Para sintonizar con la información, sigue, cuando así lo consideres, con el paso 3. Recuerda que este tipo de grabación/sintonización no está hecha con los parámetros racionales; no importa el tiempo que trascurra desde que realices la sintonización con el lugar de poder y el volcado de la información.

Paso 3

Para recibir/volcar la información contenida en tu cuarzo cuántico Urantia, puedes realizar la siguiente meditación:

- Encuentra un momento del día en el que puedas sentirte con tranquilidad durante unos minutos.
- Toma una ducha para estar con la energía vital más renovada y centrada.
- Vístete con indumentaria blanca o de colores claros para que energéticamente te sientas con mayor neutralidad.
- Prende un incienso del aroma de tu preferencia.
- Pon música de relajación de tu elección.
- Coloca tu cuarzo cuántico Urantia sobre tu frente, o sobre tu corazón, o entre tus manos.
- Cierra los ojos e imagina, visualiza o siente que te encuentras en el lugar de poder elegido donde has estado físicamente.
- Trata de rememorar todo lo que te inspira ese lugar, como te sentías estando allí. No pienses en nada más: que toda tu atención se traslade a ese lugar, revívelo.

- Pasados unos minutos y sin abrir los ojos, cambia la posición de tu cuarzo cuántico Urantia: si lo habías puesto sobre tu corazón o lo sostenías entre tus manos, sitúalo ahora sobre tu frente. Y si lo tenías en tu frente o entre tus manos, sitúalo ahora sobre tu pecho.
- Mientras dure la conexión, trata de estar con los ojos cerrados.

Preguntas que puedes formular para recibir información

Cuando así lo sientas, pregunta:

- ¿Por qué siento que este lugar es especial para mí?
- ¿Qué vínculo para mi mayor bien hay en este lugar para mí?
- Piensa en alguna cuestión para la que necesites recibir respuesta relacionada con tu salud, con tu trabajo o con alguna cuestión personal que para ti sea importante en este momento o etapa de tu vida.
- Trata de centrarte lo más posible: en la medida en que tu planteamiento de recibir información de ayuda sea claro, las respuestas también lo serán.
- Recuerda que un cuarzo «no habla», sino que te puede trasmitir sensaciones, sentimientos relacionados con imágenes que puedas visualizar, mensajes certeros que tu intuición y tu corazón se encargarán de procesar para que, a través del sentimiento, puedas visualizarlos y, a través de las sensaciones, sentirlos.
- Esta explicación es básica y fundamental para todas tus conexiones, canalizaciones y visualizaciones con todos tus cuarzos maestros cuánticos.

La información recibida

Recuerda que estas respuestas se darán en el lenguaje del corazón, es decir, que puede ser a través de imágenes, secuencias, sensaciones, recuerdos asociativos, etc., y que pueden darse en ese mismo momento o a través de sincronicidades posteriores, ese mismo día a las pocas horas o en los días inmediatamente siguientes; de ahí la conveniencia de que tomes nota en tu cuaderno personal de tus meditaciones con los cuarzos maestros cuánticos.

Circunstancias puntuales

En ocasiones, puede ocurrir que te encuentres en un lugar de poder en el que no puedes meditar por estar en compañía de un grupo de personas o porque las circunstancias de dicho lugar no sean las idóneas –por ejemplo, que llueva, nieve o haga demasiado frío, o estés acompañado y no sea el momento, o que el tiempo de permanencia en dicho lugar sea breve–. Recuerda que tu cuarzo Urantia es un cuarzo cuántico y que, al estar contigo físicamente en ese lugar, y sobre todo si tu intención es la de que se sintonice con la energía del mismo, irá recabando los registros akáshicos que para ti pueda haber en dicho lugar; no lo dudes, tan sólo tienes que sintonizarte brevemente con tu cuarzo cuántico (por ejemplo, cerrando los ojos para centrar tu atención mientras lo sostienes entre tus manos, o apoyándolo unos instantes sobre tu pecho) y trasmitirle la intención de que recabe la información energética que para tu mayor bien pueda haber en dicho lugar.

Más tarde, en la comodidad de tu hogar, puedes realizar la meditación-conexión sugerida anteriormente para recibir la información que tu cuarzo maestro cuántico Urantia ha recopilado energéticamente para ti.

Lugares entrañables

Cuando eliges un destino para descansar, para relajarte, para pasar unos días de vacaciones, de alguna manera también se trata de un lugar de poder para ti.

En ese lugar entrañable, que ya conoces o en el que te dispones a pasar un tiempo de relax, puede haber igualmente información importante para ti, pues al fin y al cabo cuando elegimos un destino especial de vacaciones, ya sea el campo, la montaña, la playa o incluso una ciudad con el propósito de sentir dicho lugar, más allá de hacer turismo, comer y hacernos fotos de recuerdo, estamos realizando, consciente o inconscientemente, un viaje iniciático; todos los viajes son en sí mismos viajes iniciáticos porque nos sacan de nuestra zona de confort, de lo conocido y cotidiano, nos preparan para situaciones imprevistas, generalmente positivas si las hemos planificado con atención y detalle para fluir disfrutando, para brindarnos la ocasión de tener más tiempo de estar sin las preocupaciones y responsabilidades del día a día.

Inicio y reinicio

Los viajes a lugares entrañables nos sitúan en procesos de reinicio personal: reflexiona sobre las ocasiones en las que, a partir de un viaje, has tomado decisiones importantes en tu vida relacionadas con el trabajo, los proyectos, las metas, las amistades, la relación sentimental o de pareja, el enfoque de vida, los cambios en algunas costumbres, los propósitos renovados en tus circunstancias personales y un largo etcétera que llevamos a cabo cuando regresamos a nuestras vidas cotidianas después de un viaje.

Y aunque no lo relacionemos, en gran parte esta renovación, como un inmaterial equipaje, nos la trajimos después de haber estado un tiempo, corto o largo, en los lugares que han sido, de alguna o de muchas maneras, entrañables, importantes en nuestro viaje de vida.

Vacaciones

Cuando planifiques estar en un lugar de vacaciones por el que sientes un interés especial –no sólo por hacer turismo, sino porque resuena en tu corazón de una manera entrañable–, lleva contigo tu cuarzo cuántico Urantia, trasmítele, sosteniéndolo unos minutos sobre el latido de tu corazón, tu propósito de que recabe para ti la información que pueda haber para tu mayor bien en ese lugar de destino vacacional, ya sea en la naturaleza o en una población o ciudad, ya que de alguna manera tienes un vínculo importante con ese lugar; si no, no lo hubieras elegido como destino.

Al llevarlo contigo, cerca de ti, tu cuarzo cuántico Urantia estará resonando con la energía cuántica del vínculo que tienes con ese lugar (más allá del tiempo, posiblemente de otra vida o tal vez porque en ese lugar se da una resonancia específica para ti, para tu mayor bien).

Y dicho vínculo, en la mayoría de las ocasiones, no es racional, sino sentimental: sientes una peculiar afinidad, una atracción especial por ir, por estar, por sentirte allí, ya sea que lo conozcas por haber estado con anterioridad o ya sea que no hayas estado nunca pero te atrae de forma poderosa, te ilusiona estar allí físicamente.

Puede que ese lugar elegido para pasar tus vacaciones sea un lugar tranquilo o un lugar bullicioso; puede que haya enclaves naturales o ruinas históricas.

Lugares de los recuerdos

Muchos lugares de poder son, además, patrimonio cultural de la humanidad por su belleza. Otros son zonas protegidas asignadas como patrimonio de la humanidad para que sea preservada su belleza y su pureza. Y otros son especiales, muy especiales para ti, porque te hacen sentir «como en casa»; refuerzan tu sentimiento de pertenencia, te hacen sentir que su atmosfera es única.

Esto nos puede suceder especialmente en los lugares, pueblos o ciudades donde hemos nacido, crecido o pasado una parte importante de nuestra vida. Amamos ese lugar. Sonreímos cuando regresamos y nos regocijamos caminando por sus calles o lugares especiales.

Con la resonancia de tu cuarzo cuántico Urantia, podrás sanar, comprender y despedir, en el caso de que así fuera necesario para ti, recuerdos dolorosos o limitadores relacionados con el lugar donde naciste, donde creciste o donde viviste por un período de tiempo importante.

También puede que a través de tu cuarzo cuántico Urantia obtengas, en estado meditativo, información de la energía que te unió a ese lugar, la causa, el vínculo por el que lo amas o no lo amas, por lo que para ti es tan significativo y sentimental o, por el contrario, si viviste allí experiencias desarmónicas, limitadoras o dolorosas.

Por supuesto que hay personas que no tienen este tipo de vínculo, e incluso no regresarían jamás al lugar donde nacieron o crecieron. Esto no es ni bueno ni malo; sencillamente, significa que dicho lugar no les resuena, no sienten ninguna resonancia ni vínculo especial, por lo que ese lugar no tiene ningún poder, ninguna connotación particular, a menos que sea importante para ti y quieras averiguarlo más allá de la curiosidad.

Cada lugar comunitario, grande o pequeño, posee sus propias cualidades energéticas, su propia configuración que lo caracteriza y que está formada por su mismo enclave, por su entorno, costumbres, arquitectura, idioma o dialecto, fiestas, folclore, bandera, celebraciones, etc., que lo definen y diferencian de otras comarcas, pueblos, ciudades, regiones o países.

Generalmente, haber nacido y crecido en un lugar y haberlo amado establece para siempre un vínculo especial y reconfortante. Es el lugar elegido por tu alma para que tu vida se impregnara de la frecuencia energética de ese lugar, para que se sucedieran circunstancias concretas en ese lugar, en ocasiones determinantes para ser quien eres ahora, en ocasiones hechos muy positivos y en ocasiones no tan positivos, pero siempre necesarios para tu propia evolución.

En cada lugar donde hemos vivido experiencias decisivas, hay un vínculo, un vínculo evolutivo que puede ser comprendido con la comprensión del corazón y del alma si para ti es importante.

Vamos a ver ahora las cualidades, usos y aplicaciones de la amatista **súper** siete como cuarzo maestro en sí mismo, además de su cualidad cuántica, por ser uno de los minerales más especiales que existen. Quizá ya sepas muchas cosas de esta particular amatista, pero en el siguiente apartado te ofrezco más información que seguramente completará lo que ya sabes sobre ella.

Cualidades del cuarzo amatista súper siete como amatista especial

Además de las cualidades como maestro cuántico, la amatista súper siete es una de las amatistas más poderosas por sí misma debido a sus cualidades únicas.

La cualidad energética más divulgada y comprobada de la amatista súper siete es la de aportar, de manera unificada, la vitalidad de los siete chakras; de ahí su nombre de súper siete.

La información de recursos energéticos de mejoría, ya sea a nivel de salud, a nivel de poder personal, autoestima, prosperidad, sanación y comprensión de recuerdos dolorosos, experiencias vividas negativas que se tienen que liberar, o perdonar, o transmutar, etc., está archivada, aunque generalmente no activa, en cualquiera de los centros vitales, por eso se hace necesario que tu amatista súper siete despliegue todo su poder unificador y sintonizador al unísono en los siete chakras, ya que no se trata de una información racional ni intelectual, sino energética; puede ser alguna causa o motivo que limita tu bienestar, como por ejemplo un bloqueo energético que atañe a todos tus centros vitales, no a uno en concreto, pues todos los chakras están relacionados entre sí y funcionan como una unidad, por lo que se define como *sistema de chakras* (en singular).

Veamos algunas de las aplicaciones que puedes realizar con las amatistas súper siete.

Usos y aplicaciones del cuarzo amatista súper siete

En terapia presencial: Su situación sobre el cuerpo idealmente es la del chakra del corazón; su vibración, en resonancia permanente con el latido del corazón, va distribuyéndose de manera constante y armónica hacia cada uno de los siete centros vitales, fortaleciendo, limpiando, reparando el entramado áurico y realizando una sanación sutil unificada que, con la práctica y la continuidad –varias semanas seguidas interactuando con ella a razón de autosesiones de varios minutos diarios–, se podrá apreciar su beneficiosa influencia en el estado de mejoría de la vitalidad física en general, y del fortalecimiento en particular, de la intuición, que repercutirá en un especial y positivo estado de alerta para estar más atentos a la hora de tomar decisiones personales relacionadas con las circunstancias de tu etapa y/o momento actual.

Vibracionalmente, la energía de la amatista súper siete equilibra los posibles desajustes que pudiera haber en cada uno de los chakras, ya sea por exceso o por defecto.

Para este autotratamiento, lo ideal sería disponer de siete amatistas súper siete de tamaño pequeño/mediano, y así poder situar una en el centro de cada uno de nuestros chakras y autorrealizarnos un tratamiento a diario durante varios días seguidos, y luego ir espaciando las autosesiones hasta finalizar como mantenimiento un tratamiento al mes, en estado de relajación, mientras escuchamos música de meditación durante 15 o 20 minutos.

De esta manera, los centros vitales se revitalizan, los pensamientos, ideas y creatividad se refuerzan y equilibran, y las posibles heridas del corazón se van comprendiendo y despidiendo, neutralizando.

Además, también durante este período de tiempo, conviene llevar una amatista súper siete engarzada como colgante sobre la zona del pecho para que su resonancia siga realizando su trabajo energético a diario.

A las pocas semanas, se podrá apreciar un incremento en la confianza personal, la autoestima y la creatividad.

Será muy conveniente que, si te realizas este autotratamiento, vayas tomando notas a diario de los cambios que notes que se están dando en ti, para que puedas ir convirtiéndote en un especialista del poder sanador y clarificador de esta amatista tan importante que contiene los recursos de renovación, fuerza y vitalidad de la Madre Tierra, muy especialmente para estos particulares tiempos de cambios y transformaciones personales.

Y, además, interactuar de este modo con la resonancia de la amatista súper siete te facilitará la conexión con su maestría cuántica.

Para fortalecer el sistema inmunológico: Colocada sobre la zona de la glándula timo, aumenta la resistencia del sistema inmunológico y, por lo tanto, repercutirá favorablemente en tu resistencia física. Para ello necesitarás realizarte de una a dos autoimposiciones en estado de relax, idealmente escuchando música de relajación de tu preferencia, con los ojos cerrados y situando una amatista súper siete de tamaño mediano, a ser posible de forma plana para que no resbale, sobre la zona media de tu esternón, de 10 a 20 minutos, dos veces al día.

Y en las actividades diarias, es conveniente, para reforzar su beneficioso efecto sanador, que lleves un colgante con una amatista súper siete sobre la zona del pecho, en resonancia con el latido de tu corazón.

Memoria celular: Otra de sus propiedades como cuarzo maestro especial comprobada por los sanadores holísticos es la de abrir la memoria celular, aportando valentía en el caso de que la persona sienta miedo ante sus capacidades sanadoras y/o canalizadoras.

Reparadora del entramado áurico: La amatista súper siete es utilizada por terapeutas holísticos para reparar el entramado áurico de sus pacientes en sesiones de cristaloterapia (situando en el centro de cada chakra una amatista súper siete de tamaño mediano/pequeño, o bien una de tamaño mediano/grande sobre la zona del pecho).

Como cristal de compañía personal: Como piedra personal, la amatista súper siete también se convierte en una guía cristalina muy apropiada para sentir mayor seguridad en uno mismo: fortalece la autoestima y el poder personal.

CUARZO CUÁNTICO DEL MAESTRO

Reconocimiento visual

Físicamente, este cuarzo cuántico es una amatista, pero una amatista muy particular; se llama *auralita 23* a una amatista muy especial que contiene 23 componentes.

Su forma y color son únicos debido a que físicamente, en la mayoría de ejemplares, podemos apreciar a simple vista algunos de sus componentes, como por ejemplo las zonas rojizas debidas a la presencia de hierro.

La auralita 23 no suele reconocerse fácilmente, a menos que la conozcas por experiencia.

Solamente en el caso de que su superficie esté pulida y pueda apreciarse su interior, o que en su estado natural muestre partes de sí misma con la presencia rojiza del hierro, sabrás que se trata de una amatista auralita 23 teniendo en cuenta dos observaciones: adquirirla en un comercio especializado donde te indiquen que se trata de una auténtica amatista auralita 23, y guiarte por su precio: al ser una amatista procedente de Canadá de descubrimiento y comercialización recientes, suele ser cara, ya que no es abundante.

Ciertamente estas amatistas no son económicas, pero su energía bien merece el esfuerzo de que las elijas sin reparar en su precio, pues sólo necesitas adquirir un ejemplar, uno que para ti sea especial.

El tamaño, forma y color los podrás elegir según te diga tu intuición, y, créeme, te estará esperando para formar parte de tu vida.

Todos los minerales especiales nos eligen, aunque en esta realidad de apariencias, lo aparente es que somos nosotros, los seres humanos que amamos los cristales, quien elegimos a nuestros minerales más valiosos y especiales.

La auralita 23 viene de Canadá, donde se descubrió en el año 2007.

Se calcula que es uno de los minerales más antiguos de este planeta y que ya estaba presente cuando la vida orgánica estaba formándose en las aguas oceánicas, por lo que evidentemente es mucho más antigua que los seres humanos, los animales y los vegetales.

Su nombre

Se le dio este nombre, auralita 23, por considerarla un mineral y un acontecimiento tan mágico como el efecto que produce el espectáculo celeste de las auroras boreales, y 23 por ser sus principales y exclusivos componentes asociados que le otorgan su particular frecuencia energética.

Sus 23 componentes son: ajoíta, bornita, cacoxenita, calcopirita, cobre, covelita, epidoto, esfalerita, gialita, goetita, hematita, hierro, lepidocrita, limonita, magnetita, níquel, oro, pirita, pirolusita, plata, platino, rutilo y titanio.

La auralita 23, como cuarzo cuántico, es muy especial y valiosa; de ahí su nombre: «cuarzo cuántico del Maestro».

La auralita 23 lleva esperando que alcanzáramos este nivel de consciencia para interactuar con ella desde hace dos billones de años terrestres.

Teoría

Las cualidades de esta particular y única amatista son maravillosas, pero su resonancia está muy especialmente enfocada a comprender y liberar los miedos personales. Ésta es su maestría cuántica, su poder y sabiduría.

Los miedos personales son creencias conscientes o inconscientes, personales o heredadas, derivadas de acontecimientos de los que podemos ser conscientes o no: energéticamente son nudos y bloqueos que impiden que nuestra mente y nuestro corazón puedan expresarse y mantener un dialogo mente/corazón enfocado hacia nuestro mayor bien para lograr la vida, en todos los sentidos, que anhelamos, necesitamos y merecemos.

La frecuencia y resonancia de la auralita 23 es de liberación y de consciencia, y nos aportará grandes regalos al interactuar con ella: ésa es su especialidad, ya que es necesario, en nuestro crecimiento personal y desarrollo evolutivo, reconocer, enfrentar, confrontar, comprender, gestionar y liberar nuestros miedos personales que limitan nuestra vida en uno o en muchos sentidos.

La energía de miedo puede ser atávica; experiencias, hechos y circunstancias que han podido acontecer en el claustro materno, en la infancia e incluso en otras vidas de las que por lo general no tenemos ni idea, pero que a nivel celular y a nivel inconsciente resuenan emocionalmente provocándonos rechazo, miedo, temor o incertidumbre paralizante ante determinadas circunstancias, modulando nuestra vida, relaciones y avance personal.

Comprender, neutralizar y liberar los miedos personales es una maestría cuántica por estar, en la mayoría de ocasiones, más allá del espacio temporal; de ahí el nombre cuántico de la auralita 23: «cuarzo cuántico del Maestro».

Enfrentar, confrontar y liberar los miedos es toda una maestría.

Memoria sin memoria

La memoria que contiene los recuerdos atávicos de acontecimientos devastadores relacionados con tiempos prehistóricos está albergada en el llamado cerebro reptiliano (occipital) y también de alguna manera en el subconsciente, y por supuesto en el ADN.

El cuarzo cuántico del Maestro, la auralita 23, contiene energéticamente los recursos de ayuda para acceder a este tipo de memorias y liberarlas, sanarlas, comprenderlas.

Este tipo de grabaciones funcionan a niveles inconscientes, pero a nivel práctico limitan muchos aspectos de nuestra vida en el ámbito de las relaciones, en el ámbito de las decisiones e incluso en el propio carácter; son miedos o temores, sensación de indefensión, necesidad de protección, inseguridades fundadas o infundadas, etc. que no sabemos explicarnos ni siquiera a nosotros mismos y que a veces confundimos con lo que nos dice nuestra intuición.

Podemos distinguirlos porque lo que viene de la intuición no paraliza, sino que nos pone alerta ante algo que intuimos inseguro o peligroso y que de alguna manera podemos explicar con sentimientos y pensamientos.

Miedos paralizantes

Los miedos atávicos e inconscientes más comunes son:

- Miedo a la muerte.
- Miedo a perder la vida en alguna circunstancia catastrófica: terremoto, accidente, pandemia, agresión, inundación, etc.
- Miedo a enfermar.
- Miedo a perder a los seres queridos.
- Miedo a los desastres naturales.
- Define tus «otros miedos».

Elige uno de estos miedos, el que para ti sea en estos momentos de tu vida el más importante (para trabajarlo seguidamente con la experiencia práctica con el cuarzo cuántico del Maestro, tu auralita 23), y ten en cuenta que la raíz, el origen de tu miedo o miedos, es muy antigua.

Soltando peso innecesario. En general, los miedos personales son miedos muy antiguos, irracionales, infundados, paranoicos, sin clasificar, sin saber su procedencia, heredados, copiados, sin sentido, derivados de experiencias acontecidas en otros tiempos devastadores y sorprendentes, en las que la mayoría de las veces perdimos la vida de manera inesperada e instantánea, sin apenas darnos cuenta de lo que había pasado, pero que forman bloqueos en el subconsciente e impiden disfrutar, confiar y seguir avanzando en nuestra vida.

La energía del miedo es una energía paralizante que limita muchas oportunidades de expansión y felicidad al frenar la capacidad de decisión y confianza en uno mismo y en la vida.

Todo el mundo tiene miedos atávicos sin resolver.

Negarlos no es la solución. La solución es conocerlos para resolverlos.

Cuando se toma consciencia de estas memorias, este tipo de grabaciones son sustituidas por la energía de la comprensión, gestionándolas, integrándolas con bendición y perdón, ya que al fin y al cabo son creaciones propias, y sólo quien las ha creado puede redimirlas.

Para ello necesitamos hacer un *reset*, una limpieza de la «programación».

Para acceder a estas memorias antiguas, se necesita una llave de poder relacionada con la consciencia del momento presente, de quien eres ahora: una persona que ha superado grandes retos y desafíos y que está involucrada con el proceso evolutivo de su alma.

El poder del ahora. Ésta es la principal razón por la que «ahora» eres una persona interesada en tu propio crecimiento personal, y has elegido trabajar con herramientas evolutivas de consciencia, equilibrio y armonía como son los cuarzos maestros cuánticos, herramientas que resuenan con el plan de tu alma.

Y, por supuesto, con la ayuda de tu Yo Superior y de tus guías personales más elevados en la Luz.

Práctica

La propuesta práctica tiene como objetivo que puedas comprender la raíz de tus miedos personales. De uno en uno. Recuerda el que sea para ti más importante o significativo y tenlo presente de momento, pero antes de pasar a la práctica de la meditación, lee con atención toda esta información que te comparto.

Ya sabes que el destino no está escrito, no es lineal: todos los acontecimientos de nuestras vidas están condicionados por las decisiones que tomamos.

Y las decisiones que tomamos están directamente relacionadas con nuestro nivel de conciencia. Si en nuestro consciente o inconsciente sentimos una sensación de miedo o indefensión paralizante, lo más probable es que a lo largo de nuestra vida hayamos tomado decisiones equivocadas con la intención, en la mayoría de ocasiones, de obtener seguridad o protección, o directamente por miedos infundados.

Tu nombre de alma

Antiguamente había una tradición sagrada que tenía la finalidad de aportar en cada vida facilidad a la persona que nacía, para que su vida fuera una vida plena, para que el plan de su alma se expresara con facilidad desde sus primeros años de vida.

Esta costumbre ancestral era practicada por aborígenes de etnias diferentes, chamánicas, celtas, vikingas, africanas, etc., y hoy en día ya apenas ninguna cultura o tradición las sigue llevando a la práctica, a menos que así se sienta a nivel intuitivo como inquietud personal.

Cuando somos pequeños, no tenemos todavía la suficiente madurez emocional derivada y relacionada con las experiencias de comprensión que da el tiempo, vivir, experimentar.

Y en la mayoría de ocasiones, la influencia de nuestro entorno familiar nos marca profundamente en la búsqueda y necesidad vital de ser amados y aceptados; copiamos tendencias, nos adaptamos.

Heredamos infinidad de tendencias positivas, pero lo que más nos marca negativamente son las frustraciones, cualidades, valores y miedos que no nos pertenecen y que están en resonancia inconsciente con nuestras memorias atávicas de miedo, y que en la mayoría de ocasiones nos estimulan hacia retos y experiencias dolorosas, y en otras ocasiones nos bloquean, pues, por supuesto, están relacionadas con los miedos ancestrales no resueltos.

De alguna manera, las culturas antiguas sabias ya lo conocían, y por este motivo era imprescindible que cada alma, al nacer, al llegar a la experiencia de la vida en la tierra, en la tercera dimensión, tuviera la mayor libertad posible, la capacidad de acceder a su propio registro álmico a través de una sintonización especial y específica: la de su nombre de alma.

Resonancia poderosa. El nombre de alma es una resonancia especial por ser afín al plan divino creador; todas las almas evolucionadas tienen la capacidad de crear su propia realidad más allá de los condicionantes de apariencias de una realidad tan confusa como es la de la tercera dimensión de conciencia, donde existe la sensación de separación, de abandono, de indefensión.

Y una persona despierta, consciente de su propio poder creador..., *puede elegir* entre aprender mediante experiencias limitadoras o a través de experiencias nutricias, enriquecedoras.

El nombre de alma es la resonancia, la vibración, la llave de acceso a las memorias atávicas a las que puedes acceder en estado meditativo con la ayuda cuántica especial de la auralita 23, la amatista más antigua de este planeta, cuya maestría es precisamente ésa: la de ayudarnos a abrir, con distancia, sin sufrimiento, sin implicación emocional, este tipo de memorias que quedaron grabadas en nuestro cerebro más antiguo: el cerebro que alberga el occipital.

El nombre de alma no tiene nada que ver con el nombre que eligieron los adultos de tu familia para ti. Tu nombre –por el que se te conoce y se te nombra– y tus dos apellidos son parte del equipaje que te identifica en la tercera dimensión, que, por supuesto, incluye tanto darma (suerte, fortuna derivada de buenas acciones) como karma (experiencias limitadoras derivadas de acciones equivocadas o negativas) en la medida que te gusta o te disgusta, lo aceptas o lo rechazas, lo heredas de otro familiar o lo llevas por primera vez en tu familia, te identifica o te resulta extraño.

El nombre de alma es la resonancia cósmica que resuena energéticamente desde el plan de tu alma.

El nombre de alma puede ser una palabra, un sonido, un murmullo, un arrullo, una vibración que sientes en lo más profundo de tu corazón, que te hará sonreír y guardarás en tu memoria y en tu corazón.

Y para recibirlo, tienes que elegir un momento del día dedicado exclusivamente para ti, sin prisas. Y tener a mano tu cuarzo cuántico del Maestro, tu auralita 23.

Pasos

Lo ideal es que tu auralita 23 tenga un tamaño mediano y sea aplanada para que puedas situarla, en posición tumbada, en la zona de la base del cráneo, en el occipital. Pero si tu auralita 23 es de tamaño mediano o grande, igualmente puedes situarla cerca de la zona de tu cabeza, rozando el cráneo.

Es importante también que, antes de cerrar los ojos para realizar la meditación, leas los pasos que debes seguir.

Paso 1

Prepara el lugar donde vas a realizar la práctica meditativa.

Utiliza una indumentaria cómoda, preferentemente de tonalidad clara o blanca para que tu energía sea neutral.

Puedes hacer esta meditación en posición sentada o tumbada. Lo importante es que tu cuarzo cuántico del Maestro, la auralita 23, esté en la zona de tu cabeza/cuello, en la base del cráneo o cerca del mismo. (En otro momento, en otras meditaciones, cuando ya tengas práctica podrás sostenerla entre tus manos, sobre tu regazo, más cómodamente).

Si decides estar en posición sentada, sólo tienes que colocarte una cinta o pañuelo que te permita sentir tu cuarzo seguro en esta zona. En el caso de que tu auralita 23 sea muy grande, te sugiero que la sitúes debajo de una almohada donde acomodarás tu cabeza para realizar este trabajo de meditación.

Puedes utilizar música e incienso de tu agrado. Si así lo decides, te sugiero que tengas preparado algún tema musical de resonancia 999 Hz, fácil de encontrar en YouTube, ya que este tipo de música facilita el estado amplificado de la conciencia y la capacidad de visualizar.

Relaja tu cuerpo y trata de que en tu mente sólo haya calma y paz.

Cierra los ojos y siente la energía tranquilizadora de tu cuarzo, rememora su forma, su color.

Imagina, visualiza o siente que todo cuanto te rodea es ese color luminoso violeta.

Respira esta luz violeta..., llénate de calma. Te espera una experiencia muy bonita y especial.

Paso 2

Imagina que eres un bebe precioso que termina de nacer hace sólo tres días y que te sostienen los brazos amorosos de dos personas que te aman con una especial ternura, te engendraron con amor y honor, y esperaban tu nacimiento con alegría y devoción: no trates de ver sus rasgos, eso no es importante, lo importante es que sientas su amor; no trates de identificarlos ni de relacionarlos con tus padres de ahora; ellos, este hombre y esta mujer, representan para ti el amor incondicional de la energía de un padre y de una madre cósmicos, de la dimensión del amor, y por eso te resultará fácil sentir, desde el sentimiento, que te miran y te sostienen con amor y ternura.

No importa que puedas verlos nítidamente: sólo siente que son tu padre y tu madre que te aman y se sienten felices de que hayas nacido a la vida.

(Evidentemente, si la experiencia de tu nacimiento en tu vida presente fue así de idílica, y tu nacimiento esperado, celebrado con amor y ternura, podrás sentir que realmente quienes te sostienen son tu padre y tu madre físicos de tu vida actual, pero esto sucede en muy contadas ocasiones).

Centra tu atención y tu intención en sentir, a través de tu mirada interna, en tu pequeño y tierno cuerpecito que se encuentra bañado en una luz dorada especial. Esta luz dorada es como un cilindro luminoso a través del cual estás en conexión con el nivel de los planos del alma y, poco a poco, vas a ir tomando consciencia de esta conexión que es con tu Guía de Alma, quien te está facilitando la conexión dorada, la luz dorada que representa la resonancia más elevada que existe, la del Amor Divino, la del alma.

Puede que en ocasiones sientas a tu Guía de Alma como una presencia luminosa, amorosa y muy afín. Puede que lo visualices sintiendo su poder y su belleza. Y puede que sólo lo sientas como una sensación agradable, tierna, poderosa, sin visualizar nada más. Déjate llevar y confía.

Siente que tu corazón esta alegre porque ahora es el momento en el que vas a recibir tu nombre de alma.

Paso 3

Tu nombre de alma es la llave que te dará acceso a poder saber el origen de tus miedos ancestrales con total seguridad y distancia para que no necesites implicarte emocionalmente, sólo comprender y liberar la posible energía de bloqueo sustituyéndola por la luz dorada que se generará al resonar tu nombre, el cual pronunciarás como una especie de canto desde tu corazón. Confía.

Respira profundamente la luz dorada y siente *ahora* tu nombre de alma.

Agradece esta revelación a tus guías más elevados en la Luz, a tu Yo Superior y a tus amorosos padres.

Visualiza como se envuelve todo en luz dorada y guarda esta experiencia en tu corazón.

Paso 4

Sigue con los ojos cerrados y lleva ahora tu atención a la energía de tu cuarzo del Maestro.

Siente como su resonancia ilumina ahora toda la zona de tu occipital y enfoca tu atención en tu pantalla interior, en la zona de tu Tercer Ojo en tu frente: se iluminará internamente como si de una pantalla en blanco se tratara y empezarás a ver imágenes de paisajes y escenas de la naturaleza.

Confía.

Recuerda ahora tu miedo…, pero no temas nada. Sigue respirando con tranquilidad.

Quizá puedas verte a solas o en medio de una multitud, puede ser que sea de día o de noche, puede ser un paisaje de naturaleza de bosque, mar o montaña…

Sigue confiando sin implicarte, visualices lo que visualices y sientas lo que sientas, desde la confianza y la calma, porque *ahora* es el momento de hacer resonar, desde tu corazón, tu nombre sagrado de alma: LÁNZALO EN TODAS LAS DIRECCIONES del lugar donde se encuentra tu consciencia expandida.

Las imágenes se volverán cada vez más nítidas a través del poder de tu corazón, donde reside la verdad, el origen… No temas nada, nada puede pasarte: sólo saber, comprender, liberar y llenar todo ese lugar con luz violeta mientras vas respirando y sintiendo que una especial energía de calma, paz, confianza y tranquilidad llena toda la zona de tu occipital.

La resonancia del cuarzo cuántico del Maestro es violeta, y la vibración violeta es transmutadora y liberadora, y ella, la auralita 23, contiene energéticamente la memoria de todos los acontecimientos de la Tierra.

Estás realizando una sanación extraordinaria para que las posibles grabaciones de tu ADN liberen esta información de miedo y la sustituyan por el poder de la vibración de la sabiduría propia de la luz violeta, de la luz dorada y del poder resonante de tu alma evolucionada.

No importan las imágenes que puedan acudir a tu percepción, lo que puedas sentir o ver…, sigue confiando, porque estás realizando una sanación muy importante. En cualquier momento en el que puedas sentir algún tipo de inquietud o emoción de temor, sólo tienes que, desde tu corazón, con toda tu fuerza, energía e intención, pronunciar, cantar, lanzar mentalmente en todas direcciones el nombre de tu alma, todas las veces que sea necesario (ése tiene que ser tu enfoque y tu propósito) hasta que todo cese y sea envuelto en una luz muy dorada y brillante.

En este trabajo de recapitulación y toma de consciencia, nunca estarás a solas: tu Guía de Alma estará siempre contigo desde su nivel evolutivo.

Paso 5

Tu corazón te hará saber cuándo has terminado tu trabajo de sanación, porque todo se irá desvaneciendo, y la vibración dorada se irá convirtiendo en una tonalidad muy sutil hasta que desaparezca por completo dejando una sensación muy especial de relajación.

Sigue unos minutos más en este estado especial de paz, calma y tranquilidad.

Lleva tus manos sobre tu corazón y, cuando así lo sientas, puedes abrir los ojos y escribir en tu cuaderno de trabajo con tus cuarzos maestros cuánticos todo lo que para ti haya sido especial y significativo.

Cómo utilizar tu nombre de alma

Tu nombre de alma es un escudo protector energético que puedes utilizar con el pensamiento, el sentimiento o pronunciado con la voz, entonarlo, cantarlo, susúrralo…, como tú sientas y en cada ocasión que tú quieras. Puedes imaginarlo girando a tu alrededor y generando una energía protectora.

Puedes pensar en él, pronunciarlo mentalmente, en cada ocasión en la que necesites un aporte de seguridad y confianza, para sentir valentía, ánimo, seguridad.

Otra forma en la que puedes aplicar tu nombre de alma para poder centrar y enfocar el pensamiento en alguna tarea que te requiera concentración: bastará con que pienses, con sentimiento, en tu nombre de alma tres veces seguidas, imaginando especialmente que su energía gira alrededor de tu cabeza.

Para relajarte e incluso conciliar el sueño: por ejemplo, antes de meditar o en las ocasiones en las que sientas presión o estrés, tan sólo tendrás que cerrar unos instantes los parpados e imaginar que pronuncias varias veces tu nombre de alma o bien lo vocalizas con palabras o lo entonas en voz alta.

Y para conciliar el sueño, cuando te encuentres ya en la cama, con los ojos cerrados puedes imaginar que te encuentras en un paisaje de la naturaleza en el que hayas estado en alguna ocasión y cantar o pronunciar tu nombre de alma varias veces, sintiendo que cada vez que lo pronuncias tu cuerpo y tu mente se va relajando hasta que el sueño te arrulle y te proporcione un descanso confortable.

En situaciones de inseguridad, duda o temor por alguna situación o circunstancia concreta, incluso si estás en compañía de otras personas, puedes, mentalmente, pronunciar tu nombre de alma, y sentirás casi de inmediato una sensación de calma reconfortante.

Y en todas aquellos momentos y situaciones en los que tu intuición te irá diciendo que puedes utilizarlo, ya que tu nombre de alma es tu particular talismán energético que te irá revelando muchas más utilidades y aplicaciones, sobre todo cuando medites sosteniendo entre tus manos tu cuarzo cuántico del Maestro, tu auralita 23.

Vamos a ver seguidamente las cualidades de esta singular y poderosa amatista, tu cuarzo cuántico del Maestro.

Cualidades del cuarzo cuántico del Maestro

Algunas de las cualidades más valoradas de esta especial amatista que la capacitan para ser considerada como un cuarzo maestro cuántico muy especial, sobre todo para cuestiones en las que se han de trascender los miedos y dudas personales por propia decisión y para seguir avanzando en el camino del autoconocimiento personal, son las que te describo a continuación:

Bendición de Gaia

Como cuarzo cuántico, el cuarzo cuántico del Maestro, la auralita 23, tiene la bendición energética del espíritu de la Tierra, Gaia, Pachamama, Urantia, una entidad femenina de Luz, que es quien a nivel evolutivo vela por el equilibrio y la evolución del planeta Tierra en todas sus dimensiones, no solamente en la tercera dimensión, que es donde está enfocada nuestra vida y nuestro enfoque de vida, nuestro cuerpo y nuestra realidad de apariencias, sino en todas las demás dimensiones, que, como capas de cebolla, se relacionan con la vida material. Recuerda que la amatista auralita 23 está datada con una antigüedad de más de dos billones de años. Esta antigüedad le aporta de manera cuántica su sabiduría cristalina.

Vidas pasadas

El cuarzo cuántico del Maestro, la amatista auralita 23, es un capacitador/resonador cuántico para despertar memorias atemporales de conexión con vidas paralelas, vidas alternativas, vidas pasadas, guías espirituales y maestros luminosos que son y están en otro nivel dimensional y con los que tenemos un especial vínculo atemporal, sobre todo si nuestro enfoque e interés se relaciona con la sanación y comprensión de nuestras vidas pasadas, y por este motivo vinculante es por lo que cuando nuestro interés se enfoca en la terapia regresiva, podemos acceder de manera más efectiva y resolutiva a otras vidas que pertenecen a nuestra propia evolución y recibir ayuda orientativa de nuestra familia de alma, de nuestros más elevados guías espirituales de Luz, quienes son y están en realidades paralelas, en otras dimensiones, y con las que podemos establecer conexión, después de mucha práctica, en meditaciones avanzadas.

Desde la quinta dimensión de consciencia

Evidentemente, el hecho de tener entre nuestras manos una auralita 23 no es suficiente: esta amatista tan especial y antigua es un cuarzo maestro cuántico en el más amplio sentido, un archivo akáshico que almacena en sí mismo, de manera cuántica, la sabiduría desarrollada en el continente de Mu y en la antigua Lemuria, cuando la forma de vida que conocemos actualmente como humana aún no existía, era diferente e incomprensible por nuestro intelecto actual, y la vida era, se gestaba y desarrollaba en la quinta dimensión de consciencia materializándose lentamente, siguiendo un orden relacionado con la leyes de la materia, hasta que posteriormente en los tiempos gloriosos de la Atlántida, donde esta singular amatista siguió asimilando en su consciencia cristalina sabiduría en forma de archivos energéticos para estar nuevamente en nuestras manos cuando nuestra consciencia humana se enfocara más allá de los parámetros del ego y la mente racional, en tiempos futuros en los que el interés por la realidad cuántica y el vínculo con los cuarzos maestros volviera a resurgir, es decir, ahora, en nuestro presente de ahora actual.

Mente racional, corazón cuántico

Todos estos conceptos son difíciles para la mente racional, pero no para tu corazón, que sabe reconocer la verdad más allá de los cuestionamientos del ego y sus preguntas, sobre todo porque el corazón humano guarda los secretos evolutivos del alma para cada encarnación. La sabiduría del corazón es cuántica, holográfica, es decir, atemporal.

Realidad cuántica, realidad holográfica

Sin embargo, como seguramente ya sabes, ésta, nuestra realidad física y material, no lo es todo; cada persona con compromiso evolutivo e interés por el camino espiritual, por el camino del autoconocimiento personal, sabe que la realidad física y material tan sólo es una parte de una holografía, de una totalidad mucho más abarcante, y que su Ser es multidimensional y existe en cada dimensión.

Es precisamente a esto a lo que me refiero al decir que la auralita 23 es una llave y un portal dimensional para poder conectar con nuestros otros «yo»: otras versiones de nosotros mismos mucho más evolucionadas que son, están y existen en todas la realidades –dimensiones– de las que está formada la vida holográfica, la vida cuántica y la existencia multidimensional, que son y existen en las dimensiones de realidades paralelas –más allá del tiempo lineal– de la tercera dimensión.

Aquí y ahora

Nuestra inquietud de autoconocimiento, nuestro enfoque principal, es el de comprender, sobre todo a nivel evolutivo, nuestros pasos como seres humanos de nuestra realidad en la tierra, trabajo arduo teniendo en cuenta que vivimos una realidad de apariencias, donde el conflicto, la injusticia, la causa-efecto de nuestras acciones, la ley del tiempo, las relaciones interpersonales, la polaridad y la dualidad ya nos tienen bastante ocupados.

Y, en este sentido, por muy atractivo que sea el tema de las realidades holográficas, tenemos que mantener, con firmeza, los pies bien anclados al suelo, y ocuparnos de nuestra capacidad de celebrar, con compromiso y responsabilidad como seres humanos, la vida humana, la vida en la tierra, nuestra experiencia material.

Resonador celular

Energéticamente se sabe que la beneficiosa influencia energética de la auralita 23, el cuarzo cuántico del Maestro, su vibración, cuando es elegido para ejercer de resonador para el ADN permitiendo que se activen memorias celulares de ampliación de consciencia, principalmente a nivel de intuición y sanación de antiguas heridas del corazón y de miedos ancestrales acontecidos cuando experimentábamos vidas primitivas, limitadas, en períodos de cataclismos y reajustes de la Madre Naturaleza, etapas de supervivencia donde la vida resultaba caótica y amenazante, nos ayudará a superar, comprender y liberar cargas limitadoras y bloqueos innecesarios. Su ayuda, su maestría, nos permite trascender límites que, como cargas sin forma, pueden frenar la realización de nuestras metas y proyectos en uno o en varios aspectos de nuestras vidas.

Para obtener resultados es necesario el compromiso personal, adentrarnos y especializarnos en las meditaciones avanzadas, y, para ello, nuestros cuarzos maestros cuánticos poseen una especial resonancia, muy particularmente la amatista auralita 23.

Cualidades del cuarzo amatista auralita 23

Meditaciones avanzadas

La auralita 23 es un cristal de meditación y de uso personal en meditaciones avanzadas, indicado especialmente para personas que cuentan ya con experiencia en meditaciones con la maestría de los cuarzos, sobre todo para canalizar información de planos superiores.

Medicina de superación

Otra de sus muchas cualidades y aplicaciones en un nivel más material, aunque no menos poderoso, es que la auralita 23 es un cristal de sanación especial de superación para todas las personas sensibles que se sienten extrañas en esta realidad o que han sufrido experiencias devastadoras en sus vidas.

Al interactuar con él, su energía nos ayudará a comprender y superar experiencias traumáticas ayudándonos a encontrar y llevar a la práctica los recursos de superación contenidos energéticamente en los chakras y en la memoria celular.

Medicina prehistórica

Se cree que este mineral era conocido desde tiempos prehistóricos y utilizado por los antiguos hombres y mujeres medicina de lo que ahora conocemos como Canadá (se han encontrado restos de esta especial amatista en enclaves arqueológicos de antiguos asentamientos humanos) para sanar dolencias del cuerpo físico y como poderoso protector de energías negativas derivadas de pensamientos limitadores, miedo a lo desconocido, así como amuleto protector que facilita la confianza en uno mismo aportando valentía y determinación al carácter.

Poder de renovación

La auralita 23 posee la vibración transmutadora propia de la amatista súper siete, la fuerza sanadora del hierro, la energía dinámica del cuarzo, la fuerza protectora, liberadora y transmutadora propia de la amatista, y la energía telúrica de la Madre Tierra por la combinación de sus 23 componentes químicos fusionados.

Su vibración y resonancia beneficia a todos los chakras y su situación sobre el cuerpo físico, ya sea para meditar o para llevarlo como colgante idealmente sobre el chakra cardíaco, en combinación con el latido del corazón. De esta manera, en cada latido, su beneficiosa influencia energética irá distribuyéndose por todo nuestro campo bioenergético –aura– favoreciendo a todos los chakras según su necesidad vibracional, renovando, vitalizando la energía de cada uno de nuestros centros vitales.

CUARZO CUÁNTICO ESFINGE

Reconocimiento visual

El cuarzo maestro cuántico Esfinge es físicamente el cuarzo maestro que conocemos como «vara lemuriana», especialmente aquellos ejemplares de tamaño mediano, grande o muy grande.

Generalmente es un cuarzo cristal de roca, blanquecino, transparente o semitransparente, aunque podría ser también ahumado, citrino o amatista.

Puede tratarse de un ejemplar que muestre un solo vértice, o dos vértices, uno en cada extremo –biterminado–, o incluso puede formar parte de una drusa de cuarzos de tamaño más grande.

Quizá ya tengas uno de estos ejemplares en tu vida, pero si lo buscas en tiendas de minerales, estoy segura de que será él quien te encontrará a ti; sabrás que es el cuarzo que necesitas. Éste es uno de los atributos de los cuarzos cuánticos: ya son nuestros, sólo tenemos que reconocerlos o encontrarlos para que formen parte y presencia en nuestras vidas y en nuestro camino evolutivo.

Económicamente son accesibles, su precio no es de los más caros, pero te sugiero que no te compres una miniatura; te recuerdo que se trata de un cuarzo maestro de tamaño grande e incluso en ocasiones muy grande.

Su aspecto puede ser rudimentario, mostrando en sus lados o caras cierta discontinuidad, marcas e irregularidades propias de un ser cristalino que tiene millones de años, ya que se trata de uno de los cuarzos más antiguos del planeta; de ahí su nombre de vara lemuriana, porque se cree que fue en los tiempos de Lemuria cuando era abundante, por lo que contiene energéticamente información de esta etapa de la humanidad no reflejada ni en la historia ni en la ciencia.

Teoría

Comprender y trascender la dualidad

El cuarzo maestro Esfinge, como cuarzo cuántico, sirve para comprender y trascender la dualidad, los opuestos, la polaridad.

Su maestría nos ayuda, de manera sencilla y práctica, a adentrarnos y comprender la verdad del corazón, donde no hay dualidad ni polaridad.

Su sabiduría cristalina, su enseñanza como cuarzo maestro, está enfocada y especializada en la intención del primer propósito de la vida en esta realidad: que el amor y el servicio del ser humano estén en afinidad con el propósito del espíritu femenino de la Madre Tierra, es decir, vivir en armonía con los reinos animal, vegetal y mineral para lograr que la energía llamada paz, amor y armonía sea el impulso evolutivo propio de este planeta, un planeta rico en recursos para experimentar la belleza de la materia, y vivir en armonía con los demás seres materiales con los que la compartimos.

En los albores de la humanidad, este proyecto –vivir una vida sencilla en comunión con el entorno– se desarrolló y expresó en el continente de Mu, dentro de una sociedad pacífica de gran sabiduría, y sus códigos, sus avances, quedaron grabados en nuestro ADN antes de que se incluyeran, como experiencia de aprendizaje, las lecciones de la polaridad propias del ego y todas las leyes que conllevan el avance a través de la ley de oportunidad, también llamada karma, es decir, aprender de nuestros errores relacionados con decisiones y acciones erróneas, egoístas o desprovistas de amor: causa-efecto.

Las vivencias de aquellos tiempos remotos de los que no queda ningún vestigio (Mu y Lemuria principalmente, incluso Atlántida en sus primeros tiempos, mucho antes del cataclismo) fueron experiencias de vidas pacíficas, de amor, plenitud, armonía, cooperación, apoyo, solidaridad... ¿Podemos imaginar una forma de vivir sin necesidad de mentiras, violencia, injusticia, miedo, enfermedad, muerte, odio, dolor, pobreza, guerras, terrorismo, desigualdad...? Pues sí, existió, tal y como quedan registrados estos hechos relevantes en los registros del espacio akáshico.

La vida era como un paraíso. Un paraíso que, como un recuerdo idílico, ha quedado en la memoria de la mayoría de religiones descrito como un imaginario Edén donde los humanos vivían en armonía con su entorno.

Quizá precisamente por ser una experiencia pacífica, tranquila, de armonía, se incorporó un desafío, un reto, una prueba: la dualidad, la polaridad, el libre albedrío para elegir las decisiones de manera más arriesgada y... lo que aconteció fue la separación mente/corazón; dejamos de ser seres sintientes exclusivamente para ser seres pensantes, egoicos y egoístas... Poco a poco la mente se fue apartando, desvinculándose de ser una unidad con el corazón.

La promesa, el reto o la esperanza fue –y sigue siendo– que decidamos darnos cuenta de que el camino del amor es el único camino que trae paz y concordia a uno mismo, a los demás y a la sociedad. Vivir de manera solidaria nuestras vidas, lo que en nuestros días la psicología y la medicina cuántica actual definen como coherencia cardíaca: vivir cada vivencia teniendo en cuenta, a partes iguales, la mente y el corazón. Unificar la separación que disoció tantas cosas: hombre-mujer, bien-mal, positivo-negativo, luz-oscuridad, mente-corazón, ego-alma, materia-espíritu, y un largo etcétera que constituye la polaridad y la dualidad.

En la mente, todas las preguntas. En el corazón, todas las respuestas

Desde aquellos tiempos remotos y olvidados, en la mente empezaron a estar todas las preguntas y ninguna respuesta.

En el corazón siguen estando todas las respuestas, pero el corazón no sabe hacer preguntas: sólo sabe sentir.

Los seres humanos nos involucramos en la dualidad y polaridad como un juego de vida para probarnos a nosotros mismos, como humanos, que podemos regresar al corazón a través de la consciencia, para demostrarnos a nosotros mismos que somos capaces de utilizar la mente, la razón, para unificarla al corazón. Ésta es la clave cuántica.

La mente, el ego, vive entre el pasado y el futuro: añorando lo bueno del pasado y preocupándose por lo que puede deparar el futuro. Y por añadidura, generalmente desconectándose de lo único valioso y real: el presente.

Sin embargo, el corazón no se rige por las leyes del tiempo; el corazón vive en el eterno presente, en el *ahora*.

Los cuarzos son y están más allá de la dualidad

Los cuarzos, sobre todo los cuarzos maestros y de entre ellos especialmente los cuarzos maestros cuánticos, vibran en la resonancia del eterno *ahora*, por eso son cuánticos.

Nos ayudan a comprender el pasado, a confiar en el futuro situándonos en el presente. Ellos son y están en el ahora: más allá de la dualidad, más allá de la polaridad.

El cuarzo maestro cuántico Esfinge contiene las memorias que nosotros mismos grabamos para este presente en el que retomamos el vínculo con su maestría para poder comprender y trascender la polaridad y la dualidad.

La maestría del cuarzo cuántico Esfinge

La maestría del cuarzo maestro cuántico Esfinge es la de volver al amor.

Al auténtico amor que no conoce el tiempo porque es confianza, esperanza, valentía y eternidad. El amor cuya esencia principal es la paz interior y exterior.

Su maestría nos ayuda a entrar en la coherencia necesaria que los tiempos que vivimos requieren: coherencia cardíaca, unión de mente + corazón.

Éste es uno de los cuarzos más antiguos que existen y su sabiduría cristalina es la que contiene la memoria archivada de la concordia, la paz y el bienestar que se pretendió en el continente de MU, pasando su legado posteriormente a Lemuria y a los primeros tiempos de la Atlántida.

Por supuesto que de esta sabiduría no hay legado escrito, ya que ni siquiera está admitida por la comunidad científica la existencia ni de Mu, ni de Lemuria, ni de la Atlántida. De ello fueron conscientes los antiguos sabios de estos continentes y civilizaciones desaparecidas, y, precisamente por este motivo al que se anticiparon desde su visión interna de los futuros acontecimientos, dejaron sus registros en los cuarzos maestros, especialmente en los llamados cuánticos, para cuando la consciencia de determinadas personas vinculadas con la enseñanza y la consciencia cristalina volviera, volviéramos, a retomar el vínculo con ellos.

El momento es ahora; y por increíble que pueda parecerle a la mente racional, somos esos antiguos maestros vinculados con ellos; lo más probable es que fuéramos nosotros mismos quienes realizamos las grabaciones que contienen archivada energéticamente, akáshicamente, estos cuarzos por los que el tiempo no transcurre; son cuánticos, nos estaban esperando pacientemente en un viaje evolutivo del que apenas estamos despertando las personas.

Ellos, al ser cuánticos, están fuera del tiempo y a la vez en todos los tiempos y realidades por su cualidad multidimensional, a la que no le afecta el tiempo.

Los antiguos maestros del continente de Mu y los maestros sabios lemurianos grabaron en ellos, en su memoria cristalina, mensajes de paz y concordia para cuando el nivel de consciencia de los seres humanos estuviera dispuesto a integrar el enfoque de vida de la tercera dimensión más allá de la dualidad y la polaridad.

Esfinge: de Atlántida a Egipto

¿Por qué el nombre de Esfinge? Por ser la Esfinge una biblioteca de archivos energéticos que contiene el pasado, no lineal, de un proyecto de vida en el planeta Tierra en tiempos no registrados por la historia, ni la ciencia, ni la geografía, ya que los continentes, tal y como los conocemos ahora, no estaban separados. (Algunos científicos son partidarios de la teoría Pangea –termino griego que significa «toda la tierra»–, avalada por el doctor en astronomía, meteorólogo y geofísico alemán Alfred Lothar Wegener, quien en 1912 propuso la teoría de la deriva continental. Dicha teoría la basó en el convencimiento de que todos los continentes estaban unidos en una sola superficie a modo de supercontinente entre la era paleozoica y la mesozoica, agrupando la totalidad de la superficie de la tierra emergida de los océanos, sin separación, y que debido al movimiento de las placas tectónicas, empezó a fracturarse configurando los continentes tal y como los conocemos en la actualidad).

Este proyecto –el de vivir desde el corazón sin polaridad ni dualidad– fue desestimado, sustituido, interferido y olvidado, pero sus logros y avances quedaron grabados en estos archivos cristalinos, los llamados cuarzos o varas de cuarzo lemurianos.

Y la Esfinge fue teletransportada desde la Atlántida a Egipto para que permaneciera anclada a esta realidad material conteniendo archivos de memoria en su interior, en sí misma, a modo de antena/biblioteca y que fuera más fácil acceder a la frecuencia que, como un resonador cósmico, contiene energéticamente, por muy fantástico que parezca. Aunque quién sabe, quizá algún día la ciencia desarrolle la tecnología necesaria para averiguar lo que la Esfinge guarda en su interior, ya que evidentemente no es una estatua colosal y hueca, sino que en su interior guarda grandes secretos que descubrir para la humanidad, tal y como han validado personas sensitivas de la era moderna a las que nadie ha tomado en serio.

El cuarzo cuántico Esfinge contiene los registros de la forma de vida primordial que aconteció en los tiempos en los que existió el continente de Mu.

La Esfinge

La Esfinge es una biblioteca akáshica anclada en la tercera dimensión, nada que la mente racional pueda entender o que actualmente los científicos puedan descubrir: contiene el legado del continente de Mu, de Lemuria y gran parte de los tiempos de esplendor de la Atlántida.

Tiempos en los inicios de la humanidad en los que no se conocía la polaridad ni el sentimiento de separación.

Tiempos en los que se vivía con la consciencia de armonía con los elementos y la naturaleza: participar en el proyecto evolutivo de Gaia era el único objetivo, colaborando con la energía de sustento llamada amor, a través del canto, la belleza de las formas, la armonía, la conexión con la naturaleza; ésta es la memoria primordial contenida en el ADN y en el hemisferio cerebral derecho de los seres humanos, capaz de despertar y actualizarse cuando se emprende el camino personal de autoconocimiento y se cuestionan los condicionamientos, las manipulaciones político-religiosas, el libre pensamiento y la verdad del corazón, dándonos cuenta de que en realidad formamos parte de una unidad y de una realidad mucho más abarcante y enriquecedora que la material.

El ser andrógino primordial

Este cuarzo maestro, el cuántico Esfinge, contiene energéticamente los registros de triunfo y realización personal contenidos en el chakra del plexo solar. (Zona del cuerpo donde lo situaremos para realizar la meditación de conexión descrita seguidamente en el apartado de la práctica).

Su sabiduría, su consciencia cristalina, nos sirve para conectar con el andrógino primordial, cuando aún no había dos sexos separados porque no existía la polaridad ni la separación de sexos tal y como la conocemos ahora.

Tiempos olvidados en los que no existía el concepto de muerte: los primeros seres humanos que vivieron en Mu no experimentaban la muerte, pues cuando el cuerpo físico se deterioraba, la conciencia se entregaba sencillamente a un sueño profundo con la total confianza de que despertaría.

Sé que es difícil imaginar una realidad sin contrastes, sin opuestos, sin violencia ni miedos, sin temor a la muerte ni a la incertidumbre de la vida, y, sin embargo, este tipo de realidad permanece dormida en nuestra memoria celular.

El andrógino primordial no tenía un sexo definido, pero sus rasgos y su sensibilidad eran femeninos. Tampoco sentía miedo a morir, o a envejecer, o a enfermar, simplemente porque tales conceptos no existían.

¿Y por qué un ser primordial humano de rasgos o apariencia femenina? Porque el vehículo/organismo semihumano primario fue más andrógino que definido: ni femenino ni masculino, pero la tendencia de forma, de manera fractal, reproducía, a imagen y semejanza, la forma energética de este plano y planeta, que es femenino.

En el eterno ahora

¿Podemos entender una vida en la que no existía el concepto de muerte?

La ciencia lo explica de la siguiente manera: «La energía no muere ni se destruye, sólo cambia de forma».

Y sí, es una explicación, aunque científica, muy acorde con este concepto de trascendencia: el andrógino primordial se entregaba a un sueño profundo de descanso esperando despertar en otro momento, en otra forma, en otro cuerpo, en otro ahora, en otro amanecer, con total confianza y entrega, no había nada que temer, no había muerte.

La experiencia de vida de los primeros humanos, andróginos, pasaba al espacio de registro akáshico formando parte de una experiencia que se insertaría en el ADN cuando se reencarnara, como una memoria que sería útil al plan del alma, como una verdad esencial del corazón, como un recurso válido cuando fuera necesario.

El andrógino primordial fue el primer vehículo material que utilizamos en los albores de la humanidad en el antiguo continente de Mu, del que la ciencia no ha hallado ningún resto arqueológico.

La muerte no existe

Y este momento presente, en el que la polaridad y la dualidad es tan devastadora, es el momento adecuado para enriquecernos con su despertar recurriendo a esta memoria ancestral: ahora es el momento de «despertarla», de recuperar la consciencia de su existencia; ella, la/el andrógino o mujer primordial, tenía razón: la muerte no existe.

Y, además, el tiempo tampoco existe; sólo es una medida necesaria en nuestra realidad material para poder ordenar las experiencias y los recuerdos. Nada muere. Sólo cambia de forma.

Ella, el/la andrógino primordial, sigue viva en nuestra memoria ancestral, libre, única, feliz, alegre, maravillada con todo lo que la rodea: la naturaleza de este planeta en todo su esplendor.

El Edén idílico

Quizá te preguntes si todas las personas, todos los seres humanos, tuvimos una experiencia de vida, una encarnación en Mu como un ser andrógino primordial con apariencia femenina. Yo también me lo pregunto, pero lo más probables es que no. La vida en este plano era sólo un proyecto. (No tiene nada que ver con el hombre prehistórico hallado por la ciencia: hablamos del continente de Mu; no queda vestigio alguno de este continente ni de esta forma de expresión de vida más que en los anales akáshicos).

Algunos seres de luz decidieron –decidimos– experimentar esta realidad y habitar este vehículo físico que este planeta ofrecía de modo experimental.

Estos primeros humanoides, que eran puro amor, amaban la naturaleza de este planeta y estaban sostenidos por su Yo Superior.

Se sentían muy vinculados a los árboles y a los elementos, al agua, al fuego, a la tierra, a las montañas, a los animales, cantaban, danzaban, se alimentaban de la energía pránica, lumínica, y amaban con todo su corazón a los cuarzos y en ellos depositaban su sentir, sus sentimientos, que, te recuerdo, no albergaban polaridad ni dualidad: no experimentaban la tristeza, ni el sentimiento de abandono o separación, ni la falta de amor. No existía el concepto de pareja, porque no había dos sexos: no se tenían padres ni hijos.

La naturaleza de estos seres homínidos andróginos era básica, primordial; su formación se gestaba en una especie de forma ovoide de la que tan sólo la ciencia ficción (como, por ejemplo, la película *Cocoon*) se ha hecho eco en contadas ocasiones.

Es algo difícil de explicar porque sólo se puede entender con el corazón.

Su aspecto

El ser andrógino primordial, de rasgos predominantemente femeninos, es un ser humano grande, con un aspecto físico diferente, con una estética diferente, pero con una mirada que jamás puede olvidarse por su ternura, transparencia y bondad, y a quien podremos sentir con la valiosa ayuda de este cuarzo cuántico, el Esfinge, en la meditación práctica.

Satisfacción

Resulta inevitable que la mente racional pregunte qué beneficios se pueden obtener de realizar una conexión con una memoria de un ser tan básico, tan rudimentario, tan diferente. Pero la palabra clave de lo que obtendremos es *satisfacción*. Satisfacción es la palabra clave que se deprende de la sabiduría cuántica del cuarzo maestro Esfinge.

A nivel práctico, la conexión con el andrógino primordial puede resultar muy enriquecedora. Por ejemplo, aunque cada experiencia de cada persona es única, puedo decirte que, según la experiencia práctica de los alumnos de mis cursos que han realizado esta conexión y la mía propia, esta conexión es de respeto por la vida, amor por la naturaleza, comprensión de todo lo que nos hace sentir la belleza de y en la naturaleza, del vínculo que cada persona siente especialmente por un elemento –Fuego, Tierra, Agua, Aire– o por los árboles, las arboledas, las montañas, el cielo, el mar, las estrellas, la belleza de una flor, y un largo etcétera.

No es nada que enriquezca a la mente racional, sino a la maravilla del sentimiento, del corazón.

Sin olvidar además que el cuarzo maestro Esfinge, como vara lemuriana, es en sí mismo un cristal de cuarzo maestro de sabiduría para los recursos de triunfo del plexo solar, el centro vital desde donde brillamos y podemos realizar, exteriorizar, las metas y proyectos personales, y, por lo tanto, nuevamente, aparece la palabra satisfacción, que describe el hecho de sentirnos bien con nosotros mismos.

Cualquier trabajo personal, sobre todo con los cuarzos maestros, que nos aporte la posibilidad de integrar lo mejor de uno mismo nos aportará satisfacción, ya que la satisfacción es la unión de la mente con el corazón.

Conexión, no regresión

Antes de pasar a describirte los pasos que hay que seguir para realizar la meditación de conexión con el andrógino primordial o mujer primordial (seas hombre o mujer) a través de un estado ampliado, expandido de consciencia, será importante tener claras algunas cuestiones. Por ejemplo: conectar con este pasado ancestral, primordial y básico de vida no es en absoluto como hacer una regresión a una vida pasada: se trata de conectar con una memoria celular, neuronal, una memoria albergada en el recuerdo no racional del cerebro.

No se trata, por lo tanto, de comprender ni de liberar nada tal y como sucedería en una experiencia de terapia regresiva, ya que el concepto de muerte en este ser primigenio, andrógino, de nuestro pasado sin tiempo, no fue vivido tal y como podemos entenderlo ahora: el andrógino primordial no experimentó la muerte tal y como la concibe nuestro sistema de creencias hoy en día, y, de alguna manera, ella, el andrógino primordial de rasgos femeninos rudimentarios, sigue viva en estado latente en nuestra memoria ancestral.

Y después de todas estas aclaraciones, que te sugiero que leas todas las veces que sientas antes de pasar a la experiencia práctica, vamos a ver los pasos que se deben seguir para realizar la conexión con tu andrógino primordial.

Práctica

Paso 1

El primer y más importante paso es comprender la conexión que vas a realizar a través de la meditación/visualización, la cual se basará en el enfoque de poder acceder a un estado de consciencia en el que puedas sentir a la mujer primordial, visualizarla tal y como fue –y sigue siendo– en su propio nivel de realidad: feliz, libre, sin dualidad y con la capacidad intacta de celebrar la vida, maravillándose con toda la naturaleza que la rodea.

Este ser andrógino, de aspecto poco estético para el concepto de belleza que tenemos actualmente, te resultará entrañable, y con la práctica, cada vez que la visualices, la encontrarás bella.

Es importante que tengas en cuenta que ella es tú pasado primordial y puede sentirte. Al fin y al cabo, en cada ocasión que meditas con los ojos cerrados, activas tu capacidad multidimensional del cerebro y tu conciencia se expande, además de entrar en una realidad no lineal, donde ella es, donde ella está en su realidad de letargo.

Ella es un archivo de memoria, no está muerta.

Es una memoria latente de nuestro pasado sin memoria.

Puedes «despertarla» a través del sonido de tambores, del canto... ella te sentirá en lo que te une a ella y que está en tu corazón: lo que amas en la naturaleza.

Esta cuestión es la más importante, ya que es el vínculo que te une a todo pasado eterno vivido, y aunque está fuera del tiempo, a la vez está presente en el proceso evolutivo personal. Esta cuestión, por mucho que yo te explique a nivel teórico, sólo la comprenderás y la integraras con la experiencia práctica.

Paso 2

Para contactar con ella, es imprescindible que realices previamente este sencillo ritual, que es a su vez la llave de entrada, de apertura a la conexión a través de la meditación.

Coge tu cuaderno de meditaciones con los cuarzos maestros cuánticos y ve escribiendo la respuesta a estas cuestiones que te propongo –es importante como paso previo a la conexión/visualización–, tomándote el tiempo que consideres necesario, no hay prisa.

Tus doce motivos: Encuentra doce motivos por los que te guste ser un ser humano. Tienen que ser doce motivos recurrentes y reales, cotidianos, sencillos y transformadores por los que te sientes una persona feliz, alegre, bendecida, especial, en gracia.

Yo te incluyo aquí los míos, pueden ser los mismos o parecidos.

¿Qué te gusta de ser un ser humano?

1. Ver
2. Oler
3. Oír
4. Sentir
5. Resonar

6. Reír
7. Emocionarme
8. Cantar
9. Amar
10. Saborear
11. Comprender
12. Crear (artesanía)

Bien, y ahora lee y siente cada una de las doce palabras que has escrito y seguidamente prepara tu espacio de meditación.

Paso 3

- Elige un momento del día en el que no tengas prisa y puedas dedicarte un tiempo para ti.
- Toma un baño o una ducha para sentirte con la vitalidad renovada.
- Prende una vela y un incienso de tu preferencia.
- Vístete con indumentaria blanca o de colores claros para sentirte energéticamente neutral.
- Puedes utilizar música étnica para la meditación/conexión. Es especialmente efectiva la de sonidos primordiales (viento, sonidos de agua, aleteos de aves, etc.), sonidos armoniosos de la naturaleza o de tambores, música chamánica que te guste especialmente, o bien música de meditación de tu preferencia.
- Siéntate cómodamente sosteniendo en tu regazo, con ambas manos e idealmente cerca de la zona de tu plexo solar, tu cuarzo o vara lemuriana, tu maestro cuántico Esfinge, con su vértice orientado hacia arriba.
- Cierra los ojos y conéctate con la música.
- Imagina que escuchas los sonidos mientras te encuentras en un lugar de la naturaleza conocido o desconocido, pero bellísimo, tranquilo, seguro, acogedor, donde todo a tu alrededor es naturaleza tranquila y pura.

Y así, sintiéndote en paz interior y exterior, repasa mentalmente las doce cuestiones por las que te gusta ser un humano, mientras a la vez disfrutas del entorno en el que te encuentras, de la naturaleza viva, pura y esplendorosa.

Ella, la mujer primordial, estará cerca.

Confía y la sentirás, quizá puedas visualizarla o sentirla danzando o abrazando un árbol, u olfateando el aire, o quizá oliendo una flor... Siéntela, obsérvala con los ojos del corazón.

Ella es sencillamente feliz y disfruta de las cosas que la rodean: no hay amenaza, no hay peligro, no hay dualidad, sólo hay sencillez y belleza.

Y ten por seguro que ella te sentirá; para ella serás la belleza de una nube, el aroma de una flor, la fuerza del tronco de un árbol, el vuelo o el canto de un pájaro..., y sabrá que eres tú, que por fin te has dado cuenta de que ella es real, y te dará su mensaje: soy feliz.

Puede que la observes danzar si tu corazón está conectado al sonido de los tambores y el de ella al latido natural de la madre Tierra, y sus pies danzan, su cuerpo danza sonriendo.

Siéntela y celebra la vida, el momento con ella.

Importante. Es fundamental que recuerdes y tengas presente en todo momento que no estás en una experiencia de regresión: ella es tu pasado ancestral; no tiene recursos intelectuales para reconocerte, no utiliza el lenguaje hablado ni de símbolos, sólo se siente integrada, formando parte de la naturaleza; su inteligencia es diferente a la tuya, ni mejor ni peor, ni más sabía ni menos sabia, no es una mujer chamánica; ése es un concepto muy posterior y sin embargo heredado gracias a su vínculo con la naturaleza.

Ella sencillamente es y se siente parte integrante e integrada de todo cuanto la rodea: no conoce la dualidad ni la polaridad, ni el pasado, ni el presente, ni el futuro.

Ella vive en el eterno *ahora*. Ella no está fragmentada. Y sin embargo su vida, su forma de vida, está en la memoria de tu ADN.

Confía. Siente la vibración resonadora sutil del cuarzo maestro cuántico que está en tu regazo en todo momento.

Quédate en este lugar, con tu consciencia expandida todo el tiempo que desees hasta que sientas que quieres expresar lo que has podido sentir escribiéndolo en tu cuaderno, y entonces envíale una bendición en forma de belleza: una caricia a través del viento, un aroma a través de la tierra, un susurro a través del sonido del agua, una forma a través de una nube…

Ella sentirá que es un «hasta pronto».

Integración

Esta meditación, conexión, visualización, puedes realizarla con la frecuencia que tu intuición te diga. Siempre será agradable sentir que estás en una naturaleza de la realidad de la imaginación o de un nivel de realidad diferente para sentir a tu andrógino primordial, un ser libre de apariencia diferente, de rasgos distintos y de sensibilidad integrada en la naturaleza que lo rodea, y que, de manera rudimentaria y desde el sentimiento integrado, sin contrastes, te siente, porque de alguna manera sabe que tú, tu consciencia, tu amor por la naturaleza, tu humanidad, es también la suya.

Sensaciones posteriores

Con la práctica, iremos sintiendo que nuestra capacidad para celebrar la vida se fortalece y se dirige hacia lo sencillo: ése es el secreto de la reconciliación de opuestos para dejar de vivir en la inseguridad de la polaridad y la dualidad comparativa, temiendo, dudando, etc.

Notaremos cómo vamos teniendo mayor seguridad en nuestras decisiones, cómo encontramos con mayor facilidad soluciones a nuestras dudas relacionadas sobre todo con nuestra autoestima, nuestra valía, nuestras cualidades únicas en nuestro trabajo, profesión o aficiones que nos llenan y nos aportan felicidad.

Nos encontraremos mejor con nosotros mismos al sentir que somos una unidad mente/corazón, con más recursos para salir de la dualidad y fluctuaciones del estilo estoy bien/estoy mal, confío/no confío, me satisface/no me satisface.

Aumentaremos nuestra capacidad para celebrar la propia vida.

Ése es el regalo de este cuarzo cuántico: fortalecer la conexión y la satisfacción con uno mismo.

CUARZO CUÁNTICO ARCHIVO AKÁSHICO

Reconocimiento visual

El cuarzo cuántico Archivo Akáshico puede ser cuarzo cristal de roca (transparente, semitransparente e incluso lechoso), puede ser amatista, citrino o ahumado.

Lo más significativo para reconocerlo es que haya llamado poderosamente tu atención por el triángulo o los triángulos que presenta en sus caras, lados o incluso en su interior, tal y como puedes observar en los cuarzos de la imagen superior, donde el o los triángulos son evidentes y que de manera totalmente natural forman parte de los mismos, pues son triángulos que se han originado durante el proceso de formación de cada uno de ellos.

En algunos de los cuarzos de la imagen, vemos de manera clarísima en su centro un triángulo en un canto rodado de la amatista. En el cuarzo de la derecha, puedes observar que el triángulo está en relieve, lo cual indica ya de por sí una maestría: la del cuarzo maestro Archivo Atlante, lo cual sería un valor energético añadido, tal y como veremos al definirlos. Ese o esos triángulos son en sí mismos un reclamo para indicar que contiene grabaciones desde los tiempos de la Atlántida.

A la hora de elegirlo, ya sea que te dispongas a adquirirlo en una tienda especializada en minerales o bien observando de cerca los cuarzos que ya tienes contigo como cuarzos maestros, tu intuición te dirá cuál puede ser tu cuarzo maestro cuántico Archivo Akáshico, y, evidentemente, el o los triángulos se apreciarán en él notablemente.

En cuanto al tamaño, no es relevante, lo importante es que se aprecie visiblemente el o los triángulos de manera evidente.

Teoría

La maestría de este cuarzo maestro cuántico consiste en ser en sí mismo una llave y portal de acceso a tu espacio personal dentro de la zona atemporal llamada «Akasha».

Akasha es una palabra sanscrita (lenguaje sagrado oriental) que significa «espacio».

La maestría de este cuarzo cuántico es, precisamente, la de facilitarte el acceso a una zona o sala especial y personal de tu registro akáshico: el registro relacionado con tu vínculo con los cuarzos en el sentido y con el propósito de seguir aprendiendo sobre su sabiduría.

Este espacio o zona akáshica es un archivo que contiene lo que tú mismo dejaste en tu vida o vidas en las que ya estuviste en contacto con la sabiduría de los cuarzos maestros –sobre todo en Atlántida–, para retomar tus conocimientos relacionados con los cuarzos.

Diferencia con el cuarzo maestro Archivo Atlante

Así como la maestría del cuarzo maestro Archivo Atlante, con sus triángulos en relieve, te indica que tienes en tus manos un archivo que ya te perteneció en otro momento evolutivo, en la Atlántida, y sobre todo contiene información de la sabiduría adquirida con las maestrías de los cuarzos, el cuarzo maestro cuántico Archivo Akáshico es además la clave de acceso para que, a través de la meditación, puedas acceder a esta zona personal de tu propio espacio akáshico –de ahí su nombre–. Es decir, si ya tienes contigo un cuarzo con relieves triangulares en su superficie, puedes utilizarlo también como un cuarzo maestro cuántico Archivo Akáshico que te facilitará el acceso a tus registros.

O sea, no hay diferencia entre ambas maestrías, sino que se complementan; lo único que cambia es el enfoque a la hora de utilizarlo. Como maestro cuántico, siguiendo los pasos que te indico en la parte práctica de la meditación, te ayudará a acceder a tu zona de registros akáshicos relacionada con tu vínculo con la sabiduría cristalina.

Cuestiones en las que el cuarzo Archivo Akáshico puede ayudarte

Los archivos o grabaciones de tu zona akáshica te sirven para enfocarte en cualquier cuestión de tu vida profesional y/o personal que para ti sea importante, para que puedas obtener una comprensión de un mismo asunto de una manera trina (ésa es la sabiduría del triángulo que muestra de manera relevante, ya sea en su centro, en alguna de sus facetas o lados, o en relieve):

1. Desde tu mente/ego (incertidumbres, dudas, temores).
2. Desde tu corazón/alma (enseñanza más allá del ego, como prueba o reto para obtener sabiduría con una visión elevada).

3. Desde la repercusión en tu entorno (personas implicadas según la decisión que tengas que tomar relacionada con vínculos y acuerdos para tu vida desde los Planos Superiores Evolutivos).

Su enseñanza, con la práctica, se convierte en un aliado muy especial por el aporte de perspectiva para ir conociéndote mejor, de manera unificada, como en una alianza personal mente/corazón/alma.

Actualizaciones. Estos registros o grabaciones se actualizan según el nivel de consciencia y el momento evolutivo en el que te encuentras, y la finalidad es la comprensión desde un enfoque evolucionado en el sentido de que te permite comprender las experiencias limitadoras, las relaciones conflictivas, las circunstancias en apariencia desconcertantes o contradictorias, desde otra perspectiva diferente al observarlas desde la sabiduría, la neutralidad y la intención de comprender la realidad del alma.

El cuarzo maestro cuántico Archivo Akáshico es uno de los cuarzos maestros personales que más beneficioso puede resultarnos, porque nos ayuda a comprender nuestros desafíos de una manera muy enriquecedora, ya que cuando comprendemos, entramos en un estado de paz, tanto interior como exterior, restando importancia a lo que en otro momento nos hubiera llevado a la tristeza, el desconcierto, la negación, el sufrimiento, la confusión, el distanciamiento, la frustración o incluso la desesperación.

Práctica

Paso 1

Elige una cuestión, hecho o circunstancia de tu vida que te gustaría comprender más allá de las apariencias, por ejemplo de tus relaciones interpersonales.

Puede ser una relación laboral con alguien con quien no empatizas pero que a la vez sientes que te gustaría comprender el porqué de la mala relación, ya que has de pasar muchas horas a diario con esa persona.

Otro ejemplo: te gustaría saber por qué adoras un lugar en concreto y, sin embargo, te es imposible trasladarte a vivir a ese lugar por diversos motivos, y te gustaría saber el motivo por el que sientes una añoranza inexplicable por ese sitio.

Otro ejemplo: te gustaría saber el vínculo que, a nivel energético, te relacionó con una persona que te lo hizo pasar mal, que te hostigó, exigió, presionó..., pero que, sin embargo, fue la causa principal para que tomaras decisiones importantes en tu vida, como una especie de punto de inflexión a partir del cual maduraste, despertaste, tomaste decisiones muy favorables y creciste internamente. Y te preguntas, más allá de la curiosidad, el tipo de vínculo o pacto de almas que estableciste con esa persona, el porqué de que se comportara así contigo.

Bien, pues todas las explicaciones, desde una perspectiva elevada del alma, no desde la mente o la razón, son los archivos que tienen las respuestas para una comprensión que, de manera holística y tremendamente valiosa, aportarán neutralidad a la mente y paz al corazón.

Paso 2

Elige un tiempo para ti y un lugar en tu hogar o en la naturaleza donde puedas sentirte en paz y siéntate cómodamente: la posición es mejor sentada para que la energía vital fluya de manera más armónica desde la zona del sacro hacia la zona de la coronilla, dinamizando los chakras y los meridianos de todo el entramado áurico.

Si estás en tu hogar, puedes elegir acompañarte por una música tranquila, inspiradora, de meditación, que te ayudará a centrar la mente y a enfocar tu intención.

También puedes prender una vela y un incienso de tu preferencia.

Sostén entre tus manos, o sobre tu regazo, o sitúa frente a ti, cerca de tu mirada a tu cristal Archivo Atlante después de observar atentamente su triángulo relevante el tiempo suficiente para poder visualizarlo con los ojos cerrados fácilmente.

Cierra los ojos. Respira tres veces profundamente. Aquieta tu mente, céntrate en la música de relajación permitiendo que los sonidos te envuelvan.

Paso 3

Ahora vas a realizar un sencillo ejercicio especialmente indicado para elevar la vibración y vitalidad de tus chakras sintiendo como te conviertes en un arcoíris de colores: rojo, anaranjado, amarillo, verde, azul claro, azul oscuro/violeta y dorado; se trata de que respires imaginando tanto al inhalar como al exhalar el color de cada chakra. Esta respiración cromática tiene muchas ventajas; además de centrar tu atención y elevar tu vibración energética, permitirá que en cada inhalación todas tus células reciban un baño de vitalidad, y en cada exhalación la posible energía de cansancio será eliminada dando paso a un nivel de vitalidad cada vez más armonioso en general y para cada chakra en particular.

- Inspira e imagina que el aire que te rodea es de energía cromática roja y que al inhalarlo lo diriges hacia la zona de tu sacro, genitales, hueso pélvico. A continuación, exhala a tu ritmo, serenamente.
- Después inhala sintiendo e imaginando que el aire que te rodea es de tonalidad anaranjada, e igualmente dirígelo hacia la zona del vientre, ombligo y la zona baja de la espalda. Exhala a tu ritmo con serenidad.
- En la tercera respiración, siente o imagina que el aire que te rodea es de gama cromática amarilla, como la luz del sol, y al inhalar, dirige el aire tanto dentro como fuera de tu cuerpo hacia la zona de tu plexo solar, el estómago y la parte dorsal de tu espalda. Exhala a tu ritmo serenamente.
- Toma aire de nuevo sintiendo o imaginando que el aire que entra en tus pulmones al inhalar es de tonalidad verde o rosada, los colores del corazón, y que todo tu pecho, tu corazón, tus pulmones y la misma zona en tu espalda se llenan de esta vibración renovadora y especial. Exhala a tu ritmo con serenidad.
- En la quinta respiración, imagina que el aire que te rodea es de color azul celeste, como el del cielo, y lleva la intención, al inhalar, de que este color refrescante y sedativo rodee la zona de tu cuello, por la zona de tus hombros, las cervicales y la nuca. Exhala a tu ritmo sintiendo paz y tranquilidad.

- En la siguiente respiración, imagina o siente que el aire que te rodea es de una tonalidad azul violácea y, con tu intención, imagina que llega y rodea la zona de tu cabeza, desde los ojos, las sienes, la frente, oídos, cerebro, parte posterior de tu cabeza, y exhala a tu ritmo sintiendo bienestar.
- Y por último, toma aire imaginando o sintiendo que el aire que te rodea es de color dorado y que al respirarlo lo diriges a la parte más elevada de tu cabeza, a tu coronilla. Exhala a tu ritmo con tranquilidad, sintiéndote especialmente bien, tanto interna como externamente.

Con la práctica, todos estos pasos te resultarán sencillos; sin embargo, para las primeras veces, puede que te resulte más cómodo, sobre todo porque tienes que estar con los ojos cerrados, grabarte con tu propia voz los pasos que se deben seguir. Ten en cuenta que es más laborioso describirlos que llevarlos a la práctica; sin duda, te resultarán sencillos, en especial si ya tienes experiencia meditando.

Paso 4

Visualización de los triángulos energéticos

El siguiente paso es visualizar dos triángulos energéticos de la siguiente manera:

Sigue con los ojos cerrados y lleva tu atención por encima de tu cabeza, un poco más allá de tu coronilla; imagina, visualiza o siente una esfera de luz blanca brillante con destellos dorados, del tamaño aproximado de una pelota de tenis, de la que fluye un maravilloso haz de luz que se dirigirá hasta tu corazón formando el primer vértice de un triángulo de luz.

A continuación, del corazón partirán dos haces de luz dirigiéndose a los chakras de tus manos: tienes ahora un triángulo de luz blanca brillante con destellos dorados.

Siente el triángulo de luz que se forma desde tu corazón hacia tus manos y dirige este triángulo de luz hacia tu cristal maestro cuántico Archivo Atlante.

El triángulo de luz que tú emites con tus manos hacia el cuarzo se acoplará sobre su triángulo natural de manera instantánea, y podrás visualizar que se expande: la luz que recibe el triángulo del cuarzo desde tus manos incrementa su aura, su campo energético; siente cómo se eleva su frecuencia e intensidad, se expande y agranda; lo visualizarás como un portal energético que, a medida que tu visión interna se vaya adaptando, te permitirá sentirte en su interior y visualizar que te encuentras en una sala holográfica formada por tres pantallas.

Permite poco a poco que tu visión interna se vaya adaptando a este lugar: ésta es tu sala personal akáshica.

Paso 5

Las tres pantallas de revisión

En cada una de estas tres pantallas, puedes «ver» las posibles respuestas a las preguntas que podrás formular cuando lo necesites.

Ahora expón el tema del que quieres obtener respuesta, significado, explicación, y enfoca tu atención en el primer triángulo/pantalla.

No trates de ver de la manera que ves cuando tienes los ojos abiertos en tu vida diaria: ahora estás en otro nivel de realidad y tendrás que ir adaptando tu comprensión de enfoque para recordar otra manera de recibir información: la que sólo puede interpretarse con el lenguaje del corazón al cerebro, no al contrario.

Cuándo, cómo y para qué

En la primera pantalla, se sucederán imágenes-sensaciones relacionadas con el «cuándo»; por ejemplo, cuándo conocí a tal persona, cuándo se originó mi vínculo con este lugar, etc., con ampliación de detalles para su comprensión.

En la segunda pantalla, se sucederán imágenes-sensaciones relacionadas con el «cómo» y el «porqué» de la cuestión de la que se quiere saber, desvelándose motivaciones desde una perspectiva diferente, más neutral, más elevada, más auténtica.

En la tercera pantalla, se sucederán imágenes-sensaciones relacionados con el «para qué», la finalidad de que se dieran así los acontecimientos, la verdadera razón desde un nivel elevado de comprensión, ya fuera un pacto de almas, ya fuera un contrato de aprendizaje evolutivo, etc., siendo esta información un auténtico regalo de comprensión, tanto para la mente como para los sentimientos.

Antes de lanzarte a la práctica, termina de leer toda la información que te incluyo seguidamente relacionada con la compresión de las respuestas, respuestas que en la mayoría de ocasiones llegarán a tu mente y sentimientos mediante imágenes secuenciadas.

Las respuestas

Respuesta en imágenes/sentimientos/sensaciones de la primera pantalla

Respuesta en el primer triángulo energético; vínculos, conexiones, sugestiones basadas en los pensamientos, en la razón, en las propias creencias personales o adquiridas; lo que la mente cree; la interpretación para la razón, la expectativa para la mente. Los hechos o recuerdos de la situación calibrados e interpretados por la mente; la apariencia real desde el recuerdo, la razón de lo que sucedió interpretado por la mente.

Respuesta en imágenes/sentimientos/sensaciones de la segunda pantalla

La interpretación del alma, la aportación de los datos del corazón, detalles importantes del corazón sin el filtro de la mente ni de las apariencias, la realidad desde el sentimiento real.

Respuesta en imágenes/sentimientos/sensaciones de la tercera pantalla

La enseñanza, el aprendizaje, el regalo que aporta a tu evolución y que puede estar relacionado con la repercusión hacia los demás y por supuesto hacia ti mismo (si es que se trata de algún hecho o circunstancia en que están involucradas otras personas): el regalo evolutivo.

Fin de la sesión

Cuando sientas que quieres finalizar, tan sólo tendrás que agradecer la experiencia y visualizar o sentir que tu atención se enfoca en el triángulo de luz formado por tus manos y corazón, llevar tus manos y tu atención al latido de tu corazón, y abrir los ojos.

Es importante tener en cuenta que la sesión de visualización ha terminado cuando la o las pantallas dejan de emitir imágenes y, por lo tanto, tú dejas de recibir sensaciones.

Si tu sensación es que todavía falta información por percibir, déjalo para una nueva ocasión, agradece la experiencia a tu Yo Superior, a tu Guía de Alma, lleva tus manos a tu corazón, siente su latido y abre los ojos, y toma nota de lo que sientas que sea importante.

Para tener en cuenta

Mi sugerencia es que empieces por tu inquietud por profundizar o comprender cuestiones sencillas, y cuando adquieras práctica en la visualización de las imágenes/sentimiento, te adentres en la comprensión de cuestiones que para ti tengan mayor importancia.

Lo más importante, insisto, es que después de cada conexión que realices, tomes nota en tu cuaderno de experiencias personales con los cuarzos maestros cuánticos, y que vayas comprobando todos los progresos que irás realizando.

Todas las enseñanzas de la sabiduría cristalina de los cuarzos maestros cuánticos es interesante y enriquecedora, pero ésta, la que nos brinda el cuarzo cuántico Archivo Atlante, es quizá la de mayor ayuda evolutiva con la que podemos contar, ya que nos alivia del peso de la incomprensión, de la impotencia o de la falta de entendimiento de por qué se sucedieron hechos, circunstancias y cuestiones en apariencia tan tristes, o limitadoras, o desconcertantes, aliviándonos de un peso innecesario tanto para nuestra autoestima como para nuestra liberación de sentimientos y recuerdos dolorosos e incomprensibles.

En la mayoría de ocasiones son pactos, contratos de alma que hicimos con otras personas que aceptaron «interpretar» un rol de hostigador, o de trato despreciativo, o para aprender la lección del desapego, y siempre el motivo más allá de las apariencias fue, desde el plan del alma, para evolucionar, aunque la experiencia material haya resultado injusta, triste o desconcertante.

Por ejemplo, comprender por qué una persona de nuestro entorno laboral o de nuestras amistades tuvo (o tiene) un comportamiento hostigador hacia nosotros será de gran ayuda para neutralizar su aparente trato despreciativo.

Trabajo de integración

Para incorporar la enseñanza recibida como aprendizaje sin juicio, manteniendo la intención y la atención con confianza, esperanza y sonrisa, y una vez que hayas tomado nota de las respuestas recibidas, puedes volver a entrar en tu espacio de triángulo holográfico y pedir ayuda de clarificación/comprensión, contando con la ayuda de tu Guía de Alma, si así lo consideras necesario.

Seguramente ya sabrás que el Guía de Alma es una presencia que inspira amor, calidez y comprensión. Puede que lo visualices o puede que sólo lo sientas, lo importante es que notes que su presencia te acompaña amorosamente en cada ocasión que consultes en las pantallas de tu sala akáshica.

Esta presencia de Luz siempre estará ahí para guiarte. El trabajo con este cuarzo maestro cuántico te capacita, sobre todo con la práctica, para que cuentes con la ayuda inagotable de tu Guía de Alma: éste es tu espacio del Akasha para poder recibir asesoramiento de todas aquellas cuestiones que supongan un freno aparente en tu camino evolutivo, tanto a nivel personal, material, espiritual, profesional, etc.

Sobre todo es una gran ayuda de avance en tu camino personal de autoconocimiento.

En el caso de que te resulte complicado visualizar las pantallas de tu sala akáshica, te sugiero que realices varias sesiones con los cuarzos tallados tal y como te propongo seguidamente.

Tratamiento revitalizador con pirámides de cuarzo tallado

Ésta es una propuesta especialmente indicada para elevar la vitalidad de todos los chakras, muy especialmente eficaz para personas a las que les cuesta visualizar o relajarse.

La energía que emite un cristal de cuarzo tallado en forma de pirámide posee, además de la vibración armonizadora propia del cuarzo, la poderosa fuerza de revitalización de la pirámide.

Este autotratamiento está enfocado en que la información energética de los chakras se abra con facilidad y la consciencia se fortalezca, lo cual repercutirá, por añadidura y a nivel práctico, a la hora de tomar decisiones adecuadas y disponer de mayor autoestima, vitalidad y paz interior.

Pasos

- Necesitas tener preparados siete cuarzos de cristal de roca facetados en forma de pirámide, idealmente del mismo o parecido tamaño, limpios de toda energía residual, y cuyo vértice, en todos ellos, esté en perfectas condiciones.
- Elige un momento del día en el que puedas dedicarte de 15 a 20 minutos.
- Vístete preferentemente con indumentaria blanca o de colores claros que facilitaran tu estado de relax.
- Prende una vela y un incienso del color y aroma de tu preferencia.
- Puedes acompañarte de una música especialmente relajante para crear tu ambiente personal de bienestar.
- Este trabajo energético es conveniente realizarlo en posición tumbada, por lo que será necesario que tengas a tu alcance las siete pirámides de cuarzo para que te resulte fácil ir situándotelas sobre cada uno de tus chakras.

Para mayor comodidad, te sugiero que empieces de la siguiente manera:

- Una pirámide sobre la zona del hueso pélvico.
- Una pirámide sobre la zona del ombligo.
- Una pirámide en el centro de las costillas, en el plexo solar.
- Una pirámide en el centro del corazón.
- Una pirámide de menor tamaño (aunque las siete pueden ser del mismo tamaño si así lo prefieres) en la garganta, en la zona de la glotis.

- Una pirámide de menor tamaño sobre el entrecejo.
- Una pirámide cercana a la zona del chakra corona en la cabeza (con el vértice orientado hacia fuera, hacia el techo).

Ahora sólo tienes que cerrar los ojos y dejarte llevar por lo que la música te inspire, tratando de no pensar en nada más que en tu estado de bienestar, respirando y disfrutando del momento y del aroma del incienso.

El poder de las afirmaciones. En el caso de que te cueste relajarte o centrar la mente, o sencillamente si quieres implementar la vitalidad de los chakras y enfocar el pensamiento en el propósito de vitalizar la energía de tus centros vitales, te incluyó a continuación unas afirmaciones especialmente indicadas para tal fin; y para que te resulte más cómodo, puedes grabártelas con tu propia voz hasta que te las aprendas de memoria y puedas decirlas mentalmente con total entrega y sentimiento consciente de lo que estás afirmando.

Afirmaciones

Las afirmaciones puedes construirlas personalmente como sientas. Las que aquí te sugiero son las que yo utilizo tanto para mí misma como para mis cursos presenciales, y dan excelentes resultados; sin embargo, tú puedes adaptarlas con tus propias palabras, pero ten siempre en cuenta incluir el tiempo verbal presente: ahora.

Afirmaciones para el primer chakra: sitúa la primera pirámide sobre la zona del hueso pélvico. «Yo permito ahora que mi energía vital dinamice todos mis chakras. Yo soy capaz ahora de realizar y concretar lo que concibo sintiéndome fuerte y vital».

Afirmaciones para el segundo chakra: sitúa la segunda pirámide sobre la zona del ombligo. «Yo digiero ahora todas mis experiencias sin apegos. Yo soy capaz ahora de vivir con alegría y celebración mi presente».

Afirmaciones para el tercer chakra: sitúa la tercera pirámide sobre la zona del plexo solar –el centro del final de la caja torácica, donde acaba el esternón–. «Yo permito ahora que mis metas y proyectos se realicen. Yo me abro ahora a la prosperidad y abundancia en mi vida. Mi economía y mi trabajo fluyen ahora en armonía».

Afirmaciones para el cuarto chakra: sitúa la cuarta pirámide sobre la zona del centro del pecho, cerca del latido del corazón o sobre él. «Yo me amo y me valoro, soy capaz ahora de sentir amor y compartirlo. Yo permito ahora que el amor me sane».

Afirmaciones para el quinto chakra: sitúa la quinta pirámide en la garganta, sobre la zona de la glotis. «Yo soy capaz de expresar mis pensamientos y mis sentimientos ahora con libertad y alegría. Me expreso ahora con calidez y templanza interior y exterior».

Afirmaciones para el sexto chakra: sitúa la sexta pirámide sobre la zona de la frente, en el centro del entrecejo. «Yo equilibro ahora mis pensamientos e ideas entre la razón y la intuición. Mis pensamientos y mis sentimientos están ahora en coherencia, en armonía».

Afirmación para el séptimo chakra: sitúa la séptima pirámide sobre la zona situada cerca de la coronilla con el vértice apuntando hacia fuera. «Yo confío ahora en el poder de mi Yo Superior y de mis guías más elevados en la Luz que guían mis pasos».

Mientras estás en un placentero estado de relax permitiendo que los cuarzos en forma de pirámide realicen su trabajo energético, puedes repetir mentalmente y con los ojos cerrados las afirmaciones de manera cíclica, empezando por el primer chakra, terminando por el séptimo y empezando de nuevo.

Transcurridos 15/20 minutos o el tiempo que hayas dedicado a este autotratamiento, retirarás las pirámides de cuarzo y las sumergirás en un recipiente con agua mineral a la que le añadirás sal marina o sal rosada del Himalaya y las dejarás sumergidas una hora más o menos. Si tienes algún prejuicio sobre utilizar sal marina para la limpieza de tus pirámides de cuarzo, puedes sumergirlas en un recipiente con agua a la que le añadirás una infusión de salvia.

Nota: Este autotratamiento con siete pirámides talladas de cuarzo cristal de roca te sirve para equilibrar, dinamizar y revitalizar tus siete chakras, y puedes realizarlo siempre que quieras, independientemente de que te dispongas a efectuar una meditación-conexión con este cuarzo cuántico o con cualquiera de los otros cuarzos maestros que hayas elegido, ya que siempre te resultará beneficioso.

El hecho de que te recomiende que utilices pirámides facetadas de cuarzo cristal de roca es por su energía única revitalizadora, mucho más efectiva que la de cualquier otro cuarzo o mineral tallado en forma de pirámide.

CUARZO CUÁNTICO ULURU

Reconocimiento visual

El cuarzo maestro cuántico Uluru es, físicamente, un cuarzo con inclusiones de otros minerales, metales y adherencias en su interior que se añadieron en su formación y que le aportan un aspecto muy especial y original, como si en su interior nos mostrara un paisaje mágico de la naturaleza.

Es, visualmente, muy parecido al denominado cuarzo maestro chamánico o cuarzo Paisaje, pero para reconocerlo como cuarzo maestro cuántico y que despliegue ante nuestra visión interna sus cualidades cuánticas, elegiremos aquellos cuarzos cuyo paisaje nos recuerde a una naturaleza árida, parecida al paisaje donde se encuentra el enclave llamado Uluru, en Australia, caracterizado por sus tonalidades ocres y rojizas.

Paisaje mágico. Puede que ya tengas contigo diferentes cuarzos con paisaje en su interior, chamánicos, pero tu intuición te dirá cuál es el más apropiado para ser un cuarzo cuántico Uluru, uno que sea muy especial para ti; y si tienes que adquirirlo, sobre todo después de toda la información sobre sus cualidades cuánticas que te describiré seguidamente, en cuanto lo veas, lo reconocerás.

Y al igual que te decía con los demás cuarzos cuánticos, tendrás que hacer caso a tu intuición y a tu corazón para reconocerlo, ya que te aseguro que es él quien te elegirá.

Quizá ya lo tienes en tus manos, en tu hogar, junto con los demás minerales personales que para ti son especiales; o quizá llame poderosamente tu atención cuando estés en una tienda de minerales.

En cuanto a su tamaño, puede ser mediano, grande o muy grande; lo importante es que el paisaje de su interior llame poderosamente tu atención: su paisaje interno te inspirará un sentimiento especial, el de tener en tus manos un espacio mágico, un paisaje cuántico, como un escenario apropiado de conexión con seres extraordinariamente sabios, y tu corazón te hará saber, con la práctica de meditación-conexión, que estos seres –de los que te hablaré seguidamente– forman parte de tu clan, de tu tribu de alma en tu experiencia en la tercera dimensión, ya que el vínculo que nos une a estos seres sabios está, intacto, en nuestro propio ADN; el cuarzo cuántico maestro Uluru facilita que estos códigos de vínculo se activen para nuestro mayor bien, ya que son en sí mismos una ayuda inestimable.

Lo ideal para meditar con tu Uluru es que lo sostengas entre tus manos, pero si su tamaño es muy grande, lógicamente su peso también será considerable, por lo que para el trabajo práctico de meditación, en lugar de sostenerlo entre tus manos o sobre tu regazo, lo situarás frente a ti, a la altura de tu mirada.

Uluru

Uluru es el nombre sagrado que los aborígenes australianos le dieron a un enclave situado en el centro de Australia, en el parque natural Uluru-Kat, considerado patrimonio nacional de la humanidad.

El Uluru es uno de los más grandes monolitos del mundo: tiene una medida de nueve kilómetros de diámetro y su extensión bajo tierra es de más de dos kilómetros y medio.

Según van pasando las horas a lo largo del día, la luz del sol hace que esta montaña vaya cambiando de color, y en ocasiones puede verse de un color rojo profundo, brillante y espectacular.

El monte Uluru es un *inselberg*, es decir, un montículo situado en medio de un paisaje llano.

En su interior se encuentran pinturas rupestres de una antigüedad ancestral y su significado sólo es conocido por los sabios chamanes aborígenes australianos.

Según los aborígenes australianos, el Uluru contiene la historia de los orígenes de la humanidad y del planeta Tierra.

Se sabe que este enclave es uno de los pocos lugares físicos que ha quedado de la desaparecida Lemuria, y que contiene, a nivel energético, información akáshica de la época lemuriana.

Esencias cósmicas

Elegí este nombre para este cuarzo maestro cuántico precisamente por la afinidad y el vínculo con las llamadas madres cósmicas (seres de otro nivel de realidad que contribuyeron con su esencia primordial al desarrollo, adaptación y anclaje de algunas especies animales en su camino evolutivo en la tierra) de aquel pasado remoto de la humanidad lemuriana, donde los bosques y los árboles que allí crecían eran inmensos y la naturaleza esplendorosa, mágica, como mágico y único es el interior de este cuarzo maestro cuántico. Quizá esta información te sorprenda o quizá resuene en tu corazón con absoluta certeza.

Teoría

Como cuarzo cuántico, el Uluru contiene los recursos de memoria y conexión con Lemuria. Así como el cuarzo cuántico Esfinge está vinculado con el continente de Mu, el Uluru está sintonizado con la sabiduría lemuriana de los seres ancestrales que formaron parte del origen de esta realidad, nuestra realidad material en la Tierra.

Animales de poder

Los seres cósmicos que contribuyeron con su energía, con su esencia, con su experiencia ancestral para la evolución de este plano, tienen morfología de lo que para los humanos son animales. Animales de poder.

Ellos, los seres que morfogenéticamente llamamos animales, dejaron su herencia a través de códigos contenidos en la naturaleza y en los elementos que la forman (Fuego, Tierra, Agua, Aire, Éter).

Estos códigos son en sí mismos un lenguaje. Un lenguaje que no es para la mente racional. Los depositarios de este tipo de lenguaje son los guardianes de la Madre Tierra, los chamanes y chamanas de todos los tiempos y de todas las etnias. Por eso, para todas las tribus ancestrales, los animales siempre fueron los primeros maestros, sus tótems, sus guías, sus aliados, su ejemplo y su fuente de inspiración.

Horóscopos: símbolos de animales

En la mayoría de horóscopos se definen las etapas y/o períodos cósmicos bajo la influencia de un animal mágico, extraordinario, cuya influencia define el carácter, la personalidad y el temperamento de las personas nacidas en los días del año en los que la regencia es atribuida a un animal o a otro.

Los animales, como esencia, como origen, como influencia evolutiva, se encuentran en horóscopos celtas, indios americanos, chinos, japonés, en las representaciones de algunos signos astrológicos como Leo, Cáncer, Capricornio, Escorpio, Aries, Tauro, etc.

Por supuesto que a través del tiempo se han añadido simbologías y otras se han diluido, tergiversado o perdido.

Pero lo que jamás puede perderse ni alterarse ni olvidarse es lo que queda inscrito en los anales akáshicos: el banco de datos donde queda registrado cada acontecimiento y cada experiencia que enriquece la vida de esta realidad y que permite que este planeta, la Tierra, pueda convertirse en una biblioteca viviente de datos de experiencias que sirva para todo ser de luz que quiera aprender y experimentar la posibilidad de crear realidades evolutivas, ya que las condiciones de la vida material constituyen una valiosa experiencia de aprendizaje.

En este sentido, la Tierra, con sus cualidades y características, es como una gran escuela que nos brinda lecciones únicas en nuestro recorrido de experiencias, además de poder celebrar su extraordinaria belleza contenida especialmente en la naturaleza.

Madres cósmicas

A los macroseres con forma de animales que apoyaron con su resonancia, esencia y energía el proyecto evolutivo de Gaia, los antiguos les llamaron «madres».

Quizá les llamaron madres (y en ocasiones abuelas) porque fueron conscientes, de alguna manera, de cómo estos seres portentosos entregaron su esencia lumínica para que el futuro ADN de los animales y humanos tuviera recursos de su sabiduría, de experiencia evolucionada.

Recuerda que en psicología transpersonal, en el aprendizaje chamánico y en muchas otras disciplinas de crecimiento personal, se le da gran importancia a saber cuál o cuáles son tus animales de poder, con que razas animales te identificas más por sus cualidades, atributos, etc.

Las seis madres cósmicas

Las seis madres cósmicas esenciales –llamadas así por entregar energéticamente su esencia evolutiva– son:

- Cetácea (ballena, delfín)
- Canina (loba, perro)
- Equina (caballo, yegua)

- Felina (pantera, gato, jaguar, tigre)
- Ave (águila, cóndor, cuervo, cisne, buitre)
- Tortuga (en algunas culturas es el elefante)

Esta herencia original es coincidente para todas las culturas étnicas que consideran a estas razas animales como sus animales totémicos principales dentro de esta lista de las seis madres cósmicas o razas originales, *del origen.*

Son razas animales vinculadas a los elementos Agua, Tierra y Aire. (Los animales de Fuego, como el dragón o el ave fénix, son considerados mitológicos, no materiales).

La procedencia de las madres cósmicas escapa a nuestra comprensión racional, pero se podría decir que ellas forman parte de una consciencia superior llamada Madre Divina Creadora, un concepto igualmente inexplicable para la mente pero que resuena en tu corazón y en el mío de manera sencilla, poderosa y natural.

Vínculo/afinidad

Puede que dentro de tu preferencia por los animales de poder, tengas ya uno o más de un animal totémico preferido. Sin embargo, la enseñanza a través de tu cuarzo cuántico Uluru no trata de establecer una visualización con un animal guía: se trata de algo más profundo y relevante.

Se trata de que según sea tu naturaleza y el plan de tu alma, incluso de tu momento evolutivo actual, una vez que establezcas la conexión interactuando con la maestría cuántica del Uluru, puedas averiguar, a través del sentimiento, con cual o cuales madres cósmicas tienes más afinidad, ya que en el trabajo de meditación/conexión sentirás cuál de ellas, cuál de las madres cósmicas, te estará esperando para retomar o actualizar el vínculo con su sabiduría esencial.

Tener, activar y actualizar esta conexión con una de las madres cósmicas es una de las enseñanzas evolutivas más valiosas a las que podemos acceder en estado meditativo.

Cada una de las madres cósmicas posee, es, en sí misma, una fuente inagotable de recursos de sabiduría, y en este sentido no hay una mejor que otra; sencillamente, más allá de tus preferencias personales, cuando te encuentres en el escenario de meditación, es decir, en conexión con tu cuarzo maestro cuántico Uluru, ella se presentará y te explicará, a través del lenguaje multiversal del sentimiento, cuál es el vínculo, qué afinidad os une a nivel cósmico.

Escenario de conexión. Ésta es la especialidad del cuarzo cuántico Uluru, la de que a través de la meditación-conexión puedas acceder al registro que posee en su interior cristalino para establecer la conexión; el lugar de encuentro es ese bosque mágico en apariencia, ya que en realidad se trata de un paisaje especial de conexión que te proporcionará el escenario cuántico (fuera del tiempo y dentro del Akasha) para que puedas conectarte –por afinidad– con una de las madres cósmicas.

Lo más probable es que ya tengas, entre tus cuarzos personales, varios cuarzos chamánicos con paisaje en su interior, pero el que tenga atributos cuánticos será el que te diga tu intuición. Igualmente tendrás que sentir que quien lo elige es tu corazón si vas a adquirirlo en una tienda especializada en minerales.

El cuarzo cuántico Uluru es en sí mismo el escenario de conexión. La práctica te facilitará la comunicación, la conexión con aquellas madres cósmicas por las que sientas especial afinidad; cada una de ellas es sabiduría infinita, además de amor evolucionado. Seguidamente te aportaré algunas de sus cualidades para que refuerces o descubras la o las que más te inspiran.

Vamos a repasar ahora las cuestiones en las que este trabajo personal de meditación-conexión puede beneficiarte.

Cuestiones en las que el cuarzo cuántico Uluru puede ayudarte

La especialidad del cuarzo cuántico Uluru se relaciona principalmente con los siguientes temas que puede que a nivel personal quieras tratar o profundizar y recibir valiosa información cuando establezcas la conexión en estado meditativo con la madre cósmica por la que sientas afinidad:

- Todo lo relacionado con tu interés en ser cada día mejor persona.
- Todo lo relacionado con vivir desde el corazón, desde tu verdad.
- Todo lo relacionado con aprender a trascender lo que te preocupa, tus inseguridades, incertidumbres, etc.

- Tomar consciencia de que tú eres mucho más que un ser humano: eres un ser de luz aprendiendo el juego y las reglas de juego de una realidad de apariencias.
- Todo lo relacionado con lo que para ti es importante para mantenerte fiel a ti mismo, en tu centro, para ir transcendiendo la mayoría de cuestiones que pueden resultarte contradictorias o desconcertantes, con el objetivo de poder disfrutar cada día más del presente, del ahora, sanando el pasado y dejando de preocuparte por el futuro.
- Todo aquello que te limita y limita tu experiencia de vida, y te aleja de estar presente en ti.
- Y, sobre todo, en cada ocasión en la que tu corazón te diga que necesitas «el consejo de una anciana madre o abuela sabia».

En todo esto y mucho más que irás descubriendo es en lo que pueden ayudarte las madres cósmicas.

Tu madre cósmica afín

Tal y como te decía anteriormente, no hay una madre cósmica mejor que otra, no hay más sabiduría en una que en otra; la conexión se establece por afinidad según el momento presente, tu etapa de vida y circunstancias actuales.

Puede ser que en estos momentos, por tus circunstancias personales, necesites la enseñanza de la paciencia de la Tortuga, o de la comprensión de la Cetácea, o de la lealtad de la Equina, o de la valentía de la Felina, o de la compañía y estrategia de la Canina.

Lo más importante es que la enseñanza, e incluso la misma conexión, es diferente para cada persona dependiendo del momento o etapa de su vida en la que se encuentre.

Madres creadoras. Ten en cuenta que ellas, las madres cósmicas, en esencia y a nivel simbólico-energético, son madres creadoras.

Esto quiere decir que acogen, nutren, comprenden, cuidan, consuelan, protegen... de manera incondicional con su sabiduría creadora.

Y en este sentido no hay un manual de instrucciones, ya que se trata de una experiencia práctica personal; cada experiencia con cada una de ellas es única y enriquecedora debido a que cada una de ellas es mucho más abarcante que un animal totémico.

Ellas son la esencia misma de la creación de realidades, sobre todo de realidades de aprendizaje evolutivo, por lo que energéticamente son en sí mismas la fuente de la sabiduría de la vida.

No es casualidad que en todos los tiempos y culturas ancestrales, los animales fueran considerados el origen de la vida misma, considerados como ejemplos de supervivencia a los que deberíamos imitar, de cualidades y características de las que se podría aprender de muy variadas maneras.

Práctica

Paso 1. Conocer el aspecto del interior de tu cuarzo

Después de elegir un cuarzo cuántico Uluru, míralo con detenimiento, minuciosamente, obsérvalo de cerca, incluso con una lupa si es necesario, para que te familiarices con su interior, para que vayas sintiendo qué formas y qué lugares de su interior llaman más tu atención.

Cuanto más conozcas el interior de tu cuarzo Uluru, más fácil te resultará, cuando estés con los ojos cerrados y en estado meditativo, poder visualizar el entorno que te rodea: el interior del cuarzo Uluru.

Encuentro excepcional. Es importante también que antes de realizar la meditación tengas claro en tu mente y en tu corazón que te dispones a encontrarte con un ser extraordinario, pero que a la vez forma parte de tu familia cósmica.

Ten preparadas de antemano aquellas cuestiones que te gustaría trasmitirle, preguntarle, saber, sentir... de manera natural, pues al fin y al cabo vas a realizar una experiencia que en la antigüedad, e incluso hoy en día, es totalmente natural para los auténticos chamanes y chamanas y para todas las personas que sienten que la *realidad* es mucho más que la realidad.

Antiguamente este tipo de conexión solía realizarse después de llevar a cabo un ritual que podía ser sencillo o muy elaborado, dependiendo de la cultura chamánica a la que se pertenecía, y que podía relacionarse con la práctica previa de ayuno durante unos días, la purificación del cuerpo en una cabaña de sudar, el aislamiento en algún lugar apartado de la comunidad para propiciar la búsqueda de visión y encontrar el animal de poder, la ingesta de alguna planta psicoactiva para expandir la visión, la preparación para el trance a través de la danza o el canto, etc.

Sin embargo, tú sólo necesitarás tu propósito de intención, atención y acción, y tu cuarzo cuántico Uluru entre tus manos o frente a ti, además de sentir el vínculo o anhelo de querer sentir, entrar en contacto en estado meditativo con una madre cósmica y *conversar* con ella.

Paso 2. Tener preparadas las preguntas

Quizá te resulten interesantes todas las madres cósmicas. Y es cierto, lo son, por lo que será importante que antes de empezar la meditación-conexión, repases la lista de cuestiones o preguntas que le quieres hacer a un ser femenino de gran sabiduría cuyos atributos creadores son los de la Madre Divina.

Las siguientes preguntas tienen como finalidad que vayas conectándote con la esencia de las razas animales.

Siente cuáles son tus animales preferidos representativos de cada especie; es importante que te tomes tu tiempo para escribir una lista en tu cuaderno de trabajo de meditación con las maestrías de los cuarzos cuánticos.

No hay prisa, incluso puede que quieras informarte o ampliar tus conocimientos sobre las cualidades de las razas animales a las que pertenecen las madres cósmicas.

Las preguntas que te propongo a continuación son sencillas y tienen esa finalidad.

Elige de cada especie la raza por la que sientes más vínculo, más afinidad:

- Cetácea: ¿ballena o delfín? ¿Quizá ambos?
- Canina: ¿lobo o perro? ¿Alguna raza de perro especialmente?
- Equina: ¿caballo o yegua? ¿Alguna raza de caballos en concreto?
- Felina: ¿gato, tigre, pantera, jaguar, gato montés?
- Ave: ¿águila, cuervo, cisne, halcón, buitre?
- Tortuga: ¿tortuga de tierra o de agua?
- ¿Qué animales te gustan más, los que viven en el agua, los que vuelan por el cielo, los que viven sobre la tierra?

- Si pudieras pasar temporadas en compañía de una raza animal en su hábitat natural, ¿qué animal o animales elegirías?

Paso 3. Meditación de conexión

La meditación de conexión puedes realizarla tanto en el exterior, en la naturaleza, en algún lugar que para ti sea especial, como en el interior, en la comodidad de tu hogar.

- Elige un momento del día en el que puedas estar con tranquilidad, sin prisas ni responsabilidades inmediatas.
- Toma una ducha o baño y vístete preferentemente con indumentaria blanca, que beneficiará el estado neutral de todos tus chakras.
- Prende una vela y un incienso de tu preferencia.
- Si vas a utilizar música para facilitar el estado de relax de la mente y del cuerpo, elige una música chamánica pero suave, melodiosa, preferentemente instrumental.
- Repasa la lista de tus respuestas como base para realizar tus preguntas.
- Ten a mano o a la altura de tu mirada tu cuarzo cuántico Uluru.
- Cierra los ojos y déjate llevar por la música hasta alcanzar un estado de conciencia en el que, a través de tu imaginación, sientas que la naturaleza que te rodea es la del interior del cuarzo.
- Estás ahora en una realidad verdadera, auténtica en su nivel de realidad, en un espacio cuántico de conexión atemporal: el interior de un cuarzo como escenario de comunicación-conexión-visualización.
- Quizá tu madre cósmica ya te está esperando y puede que notes su cercanía de manera instantánea al sentir que te encuentras en el interior de tu cuarzo cuántico Uluru, formando parte de tu escenario de conexión.
- Puede ser que a través del sentimiento veas que un animal guía te está esperando para guiarte hasta ella, hasta su presencia.
- Ten en cuenta la posibilidad de que tu madre cósmica vaya haciendo acto de presencia desde el agua, o desde el cielo, o la sientas cómo se va manifestando ante tu visión interna poco a poco a tu lado en este escenario cuántico de conexión.

- Sigue en tu actitud de calma y confianza, respira serenamente y ve sintiendo, antes que nada, su amor, su amorosa presencia.
- Ella ya sabe por qué y para qué has establecido la conexión. Por eso, tomate un tiempo para sentirla, para sentir su sabiduría, su bondad, su amor incondicional.
- Y poco a poco, con tus palabras, desde tu sentimiento, exprésale tus preguntas, tus inquietudes, y ella te irá contestando y te hablará del vínculo ancestral que tienes con ella, con su linaje luminoso.

Sabrás que la conexión ha acabado cuando ella así te lo haga saber.

Antes de abrir los ojos, lleva tus manos sobre tu pecho, localiza el latido de tu corazón, respira profundamente y abre los ojos.

Recuerda tomar nota de todo lo que para ti haya sido importante y significativo de la experiencia, incluso los detalles mínimos son importantes y esclarecedores.

Podrás repetir la meditación de conexión en cada ocasión que tu intuición así te lo diga.

CUARZO CUÁNTICO SOLAR ATLANTE

Reconocimiento visual

El cuarzo maestro cuántico Solar Atlante es un cuarzo elestial muy especial por su transparencia, por su forma poderosamente llamativa que te llega directamente al corazón, y, a pesar de que no es un ejemplar accesible económicamente hablando (suelen ser los ejemplares de cuarzos maestros elestiales más bellos), sabrás, sin ningún tipo de duda y de manera intuitiva, que es tuyo, que te ha elegido.

Su tamaño suele ser mediano/grande (puede abarcar la palma de tu mano, e incluso más grandes) y generalmente se caracteriza por su bellísima presencia, su transparencia y su natural originalidad, y en ocasiones pueden presentar en su interior incrustaciones doradas de filamentos de rutilo, de litio o de hierro. También puede ser ahumado, aunque siempre mostrará un brillo y transparencia única.

Seguramente ya tienes uno o más en tu hogar formando parte de tus cuarzos más especiales y personales.

Vínculo angélico y arcangélico

Los cuarzos maestros elestiales, y muy especialmente cuando por su cualidad de forma y transparencia cristalina poseen el potencial de ser maestros cuánticos, son en sí mismos auténticos archivos del espacio del Akasha, donde guardan la memoria del vínculo que nos une a los arcángeles y ángeles desde el principio evolutivo de los seres humanos en la Tierra.

Ya sabes que los cuarzos elestiales siempre son muy especiales por ser unos de los cuarzos de mayor antigüedad de la Tierra que han conservado intacta su belleza diferente y especial, su forma distinta a la de los demás cuarzos y especialmente su luminosidad natural, que los identifica como idóneos para la maestría cuántica.

Son cuarzos diferentes que no atraen a todo el mundo, pero estoy segura de que a ti sí que te han atraído desde siempre.

Su nombre (otorgado por Katrina Raphael, experta en transmisiones a través de los cuarzos) guarda relación con la naturaleza de los arcángeles y de los ángeles.

Visualmente, un cuarzo cuántico Solar Atlante se reconoce por su apariencia cristalina, su nitidez y brillo interior especial, y sobre todo y muy especialmente porque te lo dice tu intuición.

Puede que ya formen parte de tus cuarzos maestros más valiosos, sobre todo si desde hace tiempo has sentido que son especiales para ti. De ser así, tu intuición te dirá cuál de ellos posee en sí mismo las cualidades especiales que lo convierten, además de en un maravilloso cuarzo maestro elestial, en un cuarzo maestro cuántico Solar Atlante.

Y si ya tienes experiencia en meditar con él como cuarzo maestro elestial, te resultará muy valiosa y eficaz toda la siguiente información.

Teoría

Las entidades de Luz que llamamos ángeles (cuyo nombre deriva del latín y quiere decir «mensajero») son seres luminosos de más allá de la tercera dimensión vinculados a la evolución de la Tierra y de los seres humanos, y están aquí desde mucho antes de que existiéramos los seres humanos.

Las Órdenes Solares

Los arcángeles (palabra griega que significa «jefe de ángeles») son entidades de Luz de una vibración muy elevada, afín al Sol; de ahí que también se les nombre en muchas ocasiones como las siete Órdenes Solares.

Para los seres humanos, nuestra afinidad es con la Tierra, ya que nuestra composición química contiene en la gran mayoría de nuestro cuerpo material los elementos de los que se constituye la Tierra. Sin embargo, los ángeles y arcángeles son afines al Sol. Su «cuerpo», su evolución, su mundo, su afinidad, es el Sol. Su cometido evolutivo es dinamizar, organizar, ordenar la vida en realidades como la nuestra donde cohabitan tres reinos a la vez: el reino animal, el reino vegetal y el reino mineral.

En este sentido, su vínculo es triple para nuestra realidad: para los humanos, son nuestros ángeles guardianes; para la naturaleza, son dinamizadores y también guardianes de los elementos Tierra, Agua, Aire, Fuego y Éter; y para los minerales, su afinidad es la atemporalidad (a los cuarzos no les afecta la ley del tiempo, no se deterioran, ni envejecen, ni mueren) y su resonancia con la consciencia de pureza cristalina.

Ellos, los ángeles y arcángeles, equilibraron y ordenaron los elementos para que la Tierra fuera habitable; por este motivo, en la mayoría de las tradiciones de magia, metafísica y religiones, también se los nombra como guardianes de las cuatro direcciones: Norte, Sur, Este y Oeste, aunque ellos no tienen nada que ver con las religiones porque existen mucho antes de que existiera la vida en la Tierra, el ser humano y cualquier advocación o creencia religiosa.

Para todas las cuestiones relacionadas con la naturaleza, sobre todo en lo relativo al reino vegetal, los ángeles y arcángeles rigen la vida y evolución de los elementales de cada uno de los elementos a través de lo que conocemos como hadas, elfos, duendes, gnomos, etc. Y si bien estos seres elementales no son ángeles, sí que tienen una afinidad con ellos por estar relacionados a nivel evolutivo con el reino vegetal (las hadas especialmente con las flores, los elfos especialmente con los árboles, los espíritus de la naturaleza con la esencia de las montañas, rocas, manantiales, ríos, fuentes, etc.).

Cuarzos maestros elestiales

La maestría de estos cuarzos es muy especial por considerarse unos de los cuarzos más antiguos del planeta. Han resistido el paso del tiempo y todos los ajustes energéticos por los que la Madre Tierra ha tenido que pasar hasta encontrar su estabilidad sobre su eje y su gravitación estable alrededor del Sol.

Desde los registros del Akasha se sabe que este tipo de cuarzo al que llamamos elestial o celestial es la solidificación del vehículo o revestimiento que utilizaron los ángeles en el principio de los tiempos cuando su misión evolutiva era la de ordenar la materia equilibrando a nivel molecular la vibración y las características definidas propias del fuego, del agua, del aire y de la tierra firme.

Por este motivo, en la mayoría de los elestiales podemos encontrar en su superficie, a simple vista o al pasar la yema de los dedos por ella y por el contorno de su forma, una especie de grabaciones de lenguaje cósmico en sutil relieve; estas diminutas, extrañas e indelebles marcas son archivos de memoria que contienen su energía, su información cristalina, y que atraen exclusivamente a personas que como tú y como yo sentimos un vínculo con los ángeles y una atracción especial por ellos y por este tipo de cuarzos.

Cuarzo maestro cuántico Solar *Atlante*

Se llama Solar Atlante a su maestría cuántica por contener en sí mismo la capacidad de conexión y actualización de tu vínculo con el *poder del orden,* –tal y como te explico seguidamente–, entendiendo el poder del orden como uno de los principales legados de intención de los llamados «arcángeles solares».

Este vínculo de los seres humanos con los ángeles y arcángeles se ancló para la tercera dimensión en los tiempos de esplendor de la Atlántida, donde los que llamamos siete arcángeles tenían cada uno de ellos un Templo de Sabiduría para que los iniciados atlantes recibieran su enseñanza con la intención de que la sabiduría del lenguaje de la Luz, que es el poder del color, fuera transmitida generación tras generación con el fin de alcanzar la Unidad del Ser dentro del camino de aprendizaje que sería (y sigue siendo) el juego de aprendizaje sobre la dualidad y la polaridad, ya que los ángeles están más allá de la dualidad y de la polaridad.

Volver a la Unidad significa dejar de vivir en la creencia de la separación, dejar de sentirnos abatidos por todas las contrariedades generadas por la mente dual y por la desconexión mente-corazón.

El lenguaje de la Luz

El lenguaje de la Luz es el lenguaje del color.

El legado, la enseñanza de este lenguaje y su sabiduría han llegado principalmente hasta nosotros en los tiempos actuales a través del estudio y experimentación de la metafísica, también llamada el estudio de los Siete Rayos.

Son los colores y afinidades con los siete colores principales de los que se compone la Luz; son los siete colores sutiles de nuestros chakras; son los colores del arcoíris a nivel espiritual, metafísico: rojo, naranja, amarillo, verde, azul, azul índigo-violáceo, blanco-dorado.

Son los colores de la luz al refractarse, al proyectarse después de viajar por el espacio e impactar en la realidad material que ven nuestros ojos en todos los matices de color que nos rodean permanentemente.

Y en este sentido, el del lenguaje del color, cada día se avanza un poco más gracias al enfoque con el que tanto la ciencia como la medicina y la física realizan sus averiguaciones sobre la realidad cuántica.

El lenguaje cuántico de la Luz

Se trata de ir recuperando la comunicación a través del lenguaje cuántico, que está y es más allá del lenguaje intelectual: es el lenguaje del color de la Luz.

Esta capacidad la desarrollamos en la Atlántida y se fue perdiendo con el paso del tiempo al enfocarse la mente solamente en el lenguaje intelectual hablado o escrito.

Pero nada se pierde.

El lenguaje del color, el lenguaje de la Luz, sigue estando activo en los cristales, en el reino mineral, en tu corazón, en tu memoria celular y en el hemisferio derecho del cerebro.

Cuarzo cuántico Solar Atlante para actualizar información sanadora

Dependiendo de tu vínculo con los ángeles y con los elementales de los elementos, la maestría cuántica de este cuarzo se abrirá para ti como herramienta para actualizar infinidad de métodos de sanación tanto para ti a nivel personal como para tus pacientes, familiares, amigos y seres queridos, para el planeta y para situaciones, hechos o circunstancias.

Algo importante que hay que considerar es que la sabiduría de este cuarzo cuántico tienes que combinarla con el o los minerales de tu preferencia, tus minerales preferidos más relevantes, tus minerales personales con los que sientas más afinidad o sintonía, teniendo en cuenta a la hora de elegirlo tanto su color como su calidad para que se dé una resonancia vibracional con la energía del cuarzo maestro cuántico Solar Atlante, ya que en la experiencia práctica será conveniente que lo utilices junto con tu cuarzo Solar Atlante. Puede ser una amatista, una adularia, un cuarzo rosa, un lapislázuli..., uno de tus especiales minerales personales.

Mineral personal

Este mineral personal elegido ejercerá de facilitador para que realices la conexión y tu trabajo energético con la Orden Solar correspondiente, que, con la práctica, te resultará sencillo y enriquecedor.

Tu mineral personal será aquel por el que sientas una preferencia especial, por su color, por su resonancia o sencillamente porque para ti es un mineral especial. Puede ser tu amatista personal, tu piedra luna preferida, un cuarzo rosa por el que sientes una empatía especial, una angelita, una celestita por su resonancia angelical, etc.

Lo importante es que tiene que ser un mineral lo más natural posible (no te sirve un colgante, ni un anillo, ni un mineral facetado); puede ser un canto rodado mediano con el que interactúas con frecuencia, puede ser una amatista que siempre está presente en tus momentos de meditación o puede ser una adularia (piedra luna) especialmente bella para ti.

Cuando te dispongas a realizar la práctica de conexión con los ángeles o arcángeles de una de las Siete Ordenes Solares, situarás el mineral personal sobre el latido de tu corazón mientras que el cuarzo cuántico (el elestial) lo puedes sostener entre tus manos si su tamaño y peso no es excesivo, y en el caso de que sea muy grande y pesado, lo colocarás cerca de ti (para que esté dentro de tu campo bioenergético) a la altura de tu mirada.

Tu cristal personal será el que colocarás sobre el latido de tu corazón; lo elegirás en función de sus cualidades para facilitar la relajación y la visualización.

Mi recomendación es que sea uno de los minerales afines con el chakra del entrecejo –sexto chakra– o con el chakra de conexión/canalización, que es el chakra de la corona –séptimo chakra–.

El hecho de que lo coloques sobre el latido del corazón es para que se combine con tu frecuencia personal marcada de manera significativa y especial por la vibración del latido de tu corazón.

Adularia personal

El mineral personal que yo utilizo y he sugerido siempre en las prácticas presenciales de esta enseñanza cuántica es una adularia.

¿Por qué una adularia? Evidentemente por su resonancia de impecabilidad y por ser afín al chakra de la corona, lo cual potencia y actualiza la facultad de la glándula pineal para visualizar y para canalizar. Y al situarla sobre el latido del corazón contribuirá al estado de coherencia cardíaca: equilibrio entre la mente y el corazón.

La adularia posee también, a nivel energético, una especial afinidad con el reino elemental: elfos, hadas, espíritus de la naturaleza relacionados con el reino vegetal; todos los remedios para recuperar la salud tanto física como anímica de los seres humanos están contenidos en el reino vegetal.

Y el reino vegetal está regido por los elementales de todos los elementos, que a su vez se relacionan directamente con las Siete Ordenes Solares: la regencia del lenguaje del color.

Las enseñanzas de los arcángeles

El Sol es la base, la fuente, el macrorregistro de la vida evolutiva y su expresión en la realidad material, y por lo tanto de la evolución de este plano y de este planeta.

En el Sol están contenidos todos los recursos energéticos evolutivos para esta realidad, para cada experiencia potencial a nivel espiritual y por lo tanto para cada experiencia material.

Los ángeles y arcángeles son seres solares. Su enseñanza y sabiduría era impartida en sus Templos Atlantes Solares. En los tiempos de la Atlántida no había libros; toda la enseñanza fue trasmitida a los cuarzos. El cuarzo maestro cuántico Solar Atlante contiene esta enseñanza.

Acceder a esta enseñanza siempre estará en función de tu intención, de tu vínculo y de tu asiduidad para conectarte con él a través de la meditación. Para ello ya cuentas con la experiencia de las otras maestrías cuánticas; aunque en el contenido del libro tienes definidas cada una de sus especialidades y cualidades energéticas, puedes empezar, a nivel práctico, con la maestría cuántica que prefieras, según tu inquietud, afinidad o circunstancias personales, es decir, que no necesariamente tienes que realizar las prácticas de conexión-meditación en el orden en el que te describo en el libro cada una de las maestrías de los cuarzos cuánticos.

Lo importante es que descubras cada una de sus enseñanzas en el orden que tú sientas, según tu preferencia o momento personal.

Sin prisas

Mi sugerencia es que para un primer contacto hayas leído la información de cada una de las maestrías cuánticas y que seguidamente decidas por cuál empezar.

Si ya tienes experiencia en meditar, visualizar y canalizar información de los planos sutiles y de entidades afines como los ángeles, que forman parte de nuestra familia evolutiva álmica, puedes empezar por la práctica de esta maestría cuántica, la del Solar Atlante, sobre todo si es el cuarzo maestro cuántico por el que sientes mayor afinidad.

Si por el contrario sientes que necesitas afianzar tu confianza en la práctica de meditación y conexión, deja para más adelante la parte práctica con esta maestría. Lo importante es avanzar a tu ritmo, no hay prisa, la sabiduría contenida en cada una de las especialidades cuánticas te está esperando más allá del tiempo. Lo fundamental siempre será afianzar tu conexión y vínculo con las maestrías cuánticas de los cuarzos.

Compromiso

El cuarzo maestro cuántico Solar Atlante es uno de los más poderosos cuarzos cuánticos de autoayuda para tu desarrollo personal tanto a nivel de asuntos materiales como a nivel espiritual de la verdad de tu corazón, tu actual encarnación, tu misión de vida y tu misión de alma.

El compromiso es de ti para ti.

Las maestrías cuánticas de los cuarzos, y especialmente la del cuántico Solar Atlante, es muy especial y valiosa, pero requiere responsabilidad y continuidad: compromiso.

Experiencia, información y práctica

La práctica de esta maestría cuántica requiere claridad; conocer, tener información de las afinidades, cualidades y especialidades de cada Orden Solar, relacionada en equivalencia con los diferentes colores, elementos, minerales, centro vital correspondiente –chakra–, etc., y ésa es la intención de la información de afinidades que te incluyo en el apartado final de esta maestría, que incluye también un breve listado de los minerales de color afines a cada Orden Solar y sus atributos como remedios naturales utilizados en cristaloterapia para que te resulte fácil y sencillo elegir un mineral personal para las prácticas con tu cuarzo cuántico Solar Atlante.

Por supuesto que puedes experimentar con diferentes minerales (siempre que sean de calidad extraordinaria para que su resonancia sea elevada y de un tamaño mediano para que su campo áurico sea amplio) según la afinidad relacionada con sus regencias en cuanto a lo descrito sobre el lenguaje del color.

El lenguaje del color en los minerales

Dentro del lenguaje del color, la vibración de los minerales es de las más potentes que nos ofrece la naturaleza –por su capacidad estabilizadora especialmente–, motivo por el cual en todos los tiempos y culturas que han practicado la sanación con remedios naturales, se ha considerado medicina o remedio a los minerales por sus diferentes colores y afinidades energéticas, pero sobre todo han sido elegidos por su cualidad estable de manera coincidente a través del tiempo en diferentes lugares distantes entre sí: como sabes, toda materia tiene una resonancia, un campo de vibración único y específico, pero sólo en el reino mineral esta resonancia es estable por su composición química única, por su procedencia única, por su frecuencia vibracional única.

Antes de pasar a la práctica, te incluyo las cualidades, correspondencias y equivalencias de los colores.

Cualidades energéticas de los colores

Aquí te presento una breve lista de los atributos de los colores cuya correspondencia es sumamente amplia, y que, como te decía anteriormente, se ha ido perdiendo en gran parte desde los tiempos de la Atlántida. Hoy en día se está recuperando cada vez más esta sabiduría, la del lenguaje del color, gracias a las llamadas terapias holísticas, las terapias ancestrales que, lentamente, se van recuperando e incorporando de manera natural a nuestras preferencias de sanación naturales y no invasivas, y sobre todo a nuestras prácticas de meditación.

Rojo/Rosado

Cualidades vibracionales y energéticas del color rojo:

- Vitalidad
- Creatividad
- Pasión
- Fertilidad
- Sexualidad
- Fuerza de vida
- Amor
- Arraigo
- Concepción
- Inicios
- Resistencia física

- Proyectos
- Metas, etc.

Elemento: el elemento afín al color rojo es el Fuego.

Elementales: los seres de la naturaleza afines al color rojo son las salamandras, los espíritus y deidades de los volcanes y del fuego ígneo del interior de la Tierra. Y los seres etéreos femeninos pertenecientes a la realidad feérica conocidas como hadas de las flores.

Minerales: los minerales que tienen afinidad con el color rojo son todos los rojos y rosados.

Chakras: la longitud de onda característica al color rojo y rosado es afín a los chakras primero y cuarto (chakra raíz y chakra corazón).

El arcángel, arcangelina y ángeles afines a los colores rojo y rosado son el arcángel Chamuel y la arcangelina Merced, junto con los ángeles rosados del amor.

Día de la semana: el día de la semana afín con todas las analogías y equivalencias relacionadas con el color rojo y rosado es el martes.

Rayo: se denomina rayo a la vibración y resonancia energética de un color en la práctica y filosofía metafísica. El rayo característico del color rojo es el rayo rosa.

Sonido Solfeggio: cada longitud de onda cromática tiene una correspondencia sonora, un sonido afín. El del color rojo es el primero de la escala musical; sin embargo, he preferido citarte la referencia correspondiente a la escala musical natural antigua, sanadora y especial, que hace unos siglos cayó en desuso (se cree que por prohibición de la Iglesia católica) y fue sustituida por la escala musical conocida, que no posee las mismas cualidades sanadoras propias del sonido. Esa escala antigua es la llamada escala Solfeggio, cuyo primer fonema musical es UT.

(En el último apartado de este libro, te incluiré información sobre la escala musical Solfeggio dada su gran importancia, y sobre todo por si te es desconocida esta información tan relevante a la hora de elegir temas musicales especiales de meditación-conexión-canalización).

Naranja y naranja dorado (oro/rubí)

Cualidades vibracionales y energéticas:

- Gestación
- Alegría
- Desapego
- Nutrición
- Relaciones armoniosas
- Deseos
- Logros
- Asimilación
- Superación
- Voluntad
- Placer
- Expresión de la creatividad
- Adicciones, etc.

Elemento: los elementos afines al color anaranjado son el Fuego y el Agua de Vida (alquimia sagrada, renovación).

Elementales: los seres de la naturaleza afines al color anaranjado son los llamados elfos majestuosos. Las hadas madrinas. Los espíritus protectores y benefactores de la naturaleza.

Minerales: los minerales que tienen afinidad con el color anaranjado son todos los de gama cromática anaranjada, como por ejemplo el ágata cornalina.

Chakras: la longitud de onda representativa a las cualidades del color anaranjado es el segundo chakra (chakra umbilical).

El arcángel, arcangelina y ángeles afines al color anaranjado, denominado en metafísica oro-rubí, son el arcángel Uriel y la arcangelina Gracia, junto con los ángeles del suministro y la prosperidad.

Día de la semana: el día de la semana afín con todas las analogías y equivalencias relacionadas con el color anaranjado es el jueves.

Rayo: el rayo característico del color anaranjado para la filosofía metafísica es el oro-rubí.

Sonido Solfeggio: RE

Amarillo/dorado

Cualidades vibracionales y energéticas:

- Alumbrar
- Dar a luz
- Realización de proyectos
- Satisfacción
- Brillar con luz propia
- Carisma
- Personalidad
- Importancia personal
- Consecución de metas
- Ego
- Humildad
- Poder personal
- Magnetismo y atractivo personal
- Suerte
- Prosperidad material
- Dinero
- Bienes materiales
- Negocios
- Etcétera

Elemento: el elemento afín al color amarillo dorado es el Fuego Alquímico (Fuego Solar).

Elementales: los seres de la naturaleza afines al color amarillo dorado son los espíritus sabios de los árboles. Los elfos de los árboles. Las guardianas sabias de los árboles. Los chamanes y chamanas de la cuarta dimensión, que suelen manifestarse cuando meditamos, visualizamos o canalizamos, sobre todo si sentimos un vínculo especial por la realidad chamánica y su herencia de sabiduría ancestral. Los animales totémicos de la cuarta dimensión, también llamados animales guías y seres totémicos.

Minerales: los minerales que tienen afinidad con el color amarillo-dorado son todos los de tonalidades amarillas y doradas.

Chakras: la longitud de onda característica al color amarillo-dorado es afín al chakra del plexo solar.

El arcángel, arcangelina y ángeles afines al color amarillo-dorado son el arcángel Jofiel y la arcangelina Cristina, junto con los ángeles dorados de la sabiduría y la renovación pránica.

Día de la semana: el día de la semana afín con todas las analogías y equivalencias relacionadas con el color amarillo-dorado es el domingo, el día del Sol.

Rayo: El rayo característico del color amarillo-dorado es el dorado luminoso.

Sonido Solfeggio: MI

Verde

Cualidades vibracionales y energéticas:

- La verdad del corazón
- Salud
- Respiración
- Oxigenación
- Sentimientos
- Amor verdadero
- Calma, paz y sosiego
- Tranquilidad
- Renovación energética
- Las respuestas a las preguntas de la mente
- Felicidad
- Capacidad para celebrar la vida
- Amistad verdadera
- Compasión
- Misericordia
- Coherencia cardíaca
- La verdad y la mentira personal
- Misión de vida, plan del alma
- Valores del corazón: lealtad, honor, nobleza, sinceridad, etc.

Elemento: los elementos afines al color verde son Tierra y Agua (agua sagrada de renovación).

Elementales: los seres de la naturaleza afines al color verde son las hadas de las plantas, especialmente las de las plantas medicinales. Los espíritus de las plantas psicotrópicas de las tradiciones ancestrales (ayahuasca, peyote, etc.).

Minerales: los minerales que tienen afinidad con el color verde son todos los verdes, los más abundantes del reino mineral, como la esmeralda, el cuarzo verde, la malaquita, etc.

Chakras: la longitud de onda característica al color verde es la del cuarto chakra (chakra del corazón).

El arcángel, arcangelina y ángeles afines al color verde son el arcángel Rafael y la arcangelina Celeste María, junto con los ángeles verdes de la sanación, la verdad y la música, especialmente la música sanadora.

Día de la semana: el día de la semana afín con todas las analogías y equivalencias relacionadas con el color verde es el viernes.

Rayo: El rayo característico del color verde es el verde en todos sus matices cromáticos.

Sonido Solfeggio: FA

Azul claro y azul oscuro

Cualidades vibracionales y energéticas:

- Expresión
- Palabra hablada y escrita
- El poder de la palabra
- Honor: «te doy mi palabra»
- Capacidad de realización a través del poder de la palabra
- Recursos de superación de limitaciones
- Calma y paz
- Sosiego
- Consuelo
- Capacidad conciliatoria y mediadora
- Don de la palabra
- Cantar
- Relax
- Bienestar

- Decisión
- Voluntad
- Templanza
- Comunicación

Elemento: el elemento afín al color azul es el elemento Agua.

Elementales: los seres de la naturaleza afines al color azul son los seres de Agua: las sirenas, ondinas, sílfides. Los animales totémicos de agua: delfines, ballenas, tortugas, etc.

Minerales: los minerales que tienen afinidad con el color azul son todos los de gama cromática azules, tanto los claros como los oscuros.

Chakras: la longitud de onda característica al color azul es la del quinto chakra (el chakra de la garganta).

El arcángel, arcangelina y ángeles afines al color azul son el arcángel Miguel y la arcangelina Fe, y los ángeles azules del poder y la protección.

Día de la semana: el día de la semana afín con todas las analogías y equivalencias relacionadas con el color azul es el lunes.

Rayo: el rayo característico del color azul es el azul, especialmente el color azul intenso, tanto claro como oscuro.

Sonido Solfeggio: SOL

Violeta/lila/purpura

Cualidades vibracionales y energéticas:

- Liberación
- Transmutación
- Perdón
- Renovación
- Consuelo
- Confianza
- Coherencia mente-corazón
- Intuición
- Memoria
- Inteligencia

- Glándula pineal y funcionamiento de las glándulas maestras, hormonas de la felicidad, alegría, sanación y vitalidad

Elemento: los elementos afines al color violeta son el Fuego y el Aire; el Fuego Sagrado de Liberación y el Aire (ideas, pensamientos, mente).

Elementales: los seres de la naturaleza afines al color violeta son todos los elementales de todos los elementos.

Minerales: los minerales que tienen afinidad con el color violeta son los de gama cromática violeta, purpura, lila, fucsia y azul violáceo.

Chakras: la longitud de onda característica al color violeta es la del sexto chakra (chakra del entrecejo, llamado también Tercer Ojo) y la del chakra corona (chakra de la coronilla).

El arcángel, arcangelina y ángeles afines al color violeta son el arcángel Zadquiel y la arcangelina Amatista, junto con los ángeles violeta del perdón, la liberación y la transmutación.

Día de la semana: el día de la semana afín con todas las analogías y equivalencias relacionadas con el color violeta es el sábado.

Rayo: el rayo característico del color violeta es el rayo violeta.

Sonido Solfeggio: LA

Blanco/irisado/multicolor

Cualidades vibracionales y energéticas:

- Impecabilidad
- Transparencia
- Felicidad
- Inocencia
- Pureza
- Canalización
- Intuición
- Meditación
- Videncia
- Conexión
- Equilibrio
- Etcétera

Elemento: el elemento afín al color blanco es el Éter.

Elementales: los seres de la naturaleza afines al color blanco son todos los elementales de todos los elementos. Y todos los guías más elevados en la Luz. Todos los elementales luminosos, mágicos. Seres afines (Serafines).

Minerales: los minerales que tienen afinidad con el color blanco son todos los blancos, transparentes, multicolores, irisados y dorados luminosos.

Chakras: la longitud de onda característica del color blanco es afín al séptimo chakra (chakra de la corona).

El arcángel, arcangelina y ángeles afines al color blanco son el arcángel Gabriel y la arcangelina Esperanza, junto con los ángeles blancos de la esperanza, la renovación, la suerte, las buenas nuevas.

Día de la semana: el día de la semana afín con todas las analogías y equivalencias relacionadas con el color blanco es el miércoles.

Rayo: El rayo característico del color blanco es el rayo blanco.

Sonido Solfeggio: SI

Negro y marrón

Cualidades vibracionales y energéticas:

- Limpieza y protección
- Sanación de la sombra personal
- Ancestros
- Arraigo

Elemento: el elemento afín al color negro es el elemento Tierra.

Elementales: los seres de la naturaleza afines al color negro son los seres afines al elemento Tierra, como por ejemplo los duendes y gnomos.

Minerales: los minerales que tienen afinidad con el color negro son todos los minerales de gama cromática marrón y negros.

Chakras: la longitud de onda característica al color negro y marrón oscuro es afín a los chakras de los pies (situados en la zona media de la planta de cada pie).

El arcángel, arcangelina y ángeles afines al color negro son el arcángel Miguel y la arcangelina Fe, junto con los ángeles de la muerte o tránsito de las almas.

Pasemos ahora a la parte práctica.

Práctica

La experiencia práctica con el cuarzo maestro cuántico Solar Atlante se realiza en el interior de un lugar que se encuentra en un nivel de realidad de elevada vibración, una sala muy especial de un templo atlante que existió, y que sigue existiendo en un nivel de realidad de la quinta dimensión, al que accederás con la consciencia expandida, en estado meditativo y con la ayuda de tu mineral personal, y a través de tu cuarzo maestro cuántico Solar Atlante.

Trataré ahora de describirte la estancia, la sala, el espacio akáshico, para que a través de la imaginación y desde tu sentimiento puedas visualizarla con mayor facilidad, cuestión que te resultará más sencilla de lo que tu mente puede creer, ya que si estás leyendo este libro es porque tu vínculo con las maestrías cuánticas de algunos cristales de cuarzo maestros es antigua, muy antigua y sagrada, más allá de toda lógica.

La sala es un espacio circular multicolor en la que tanto las paredes como el techo y el suelo son o aparentan ser de cristal transparente, que refleja, de manera agradable y sutil, todos los colores de la luz.

En el centro de esta sala existe un espacio semicircular en el que fluyen de manera viva todos los colores del arcoíris en absoluta armonía.

Además, en esta sala te encontrarás con la compañía de sonidos o vibraciones sutiles tan relajantes que ya son, por sí mismos, una sanación, paz para el alma, para la mente y para el cuerpo. Es un lugar de poder, del poder de la paz interior y exterior. (En algunas antiguas escuelas de misterios, a esta sala se la ha llamado la sala de *Amendi*).

Esta sala se abrirá ante tu visión interna al imaginar y visualizar que te encuentras en el interior de tu cuarzo cuántico Solar Atlante.

Una vez que sientas que estás en su interior a través de la meditación, sentirás que llevas tu mineral personal en las manos (la adularia es la que yo utilizo) y que la acercas a la luz arcoíris que fluye como un surtidor desde el centro.

Y será en esos precisos momentos cuando el registro/conexión se abrirá y accederás al auténtico interior del templo sagrado de la Luz.

Este templo es muy especial: es un espacio vivo, de elevada vibración y sabiduría, es un lugar que te siente, que siente tu presencia, y que te estaba esperando. Y sentirás que te da la bienvenida mediante un baño de luz y color combinados con los sonidos sutiles y sanadores especiales que te rodearán.

Entrega

Aquí puedes entregar todo lo que te produce un sentimiento de duda, de preocupación, de desasosiego, de experiencias de vida relacionadas con la dualidad y con la polaridad.

Todo lo que te preocupa al nivel de la mente/pensamientos o al nivel del corazón/sentimientos.

Templo de Luz

El templo es un lugar de consciencia viva que te siente y te escucha: cuéntale con tus propias palabras, con el lenguaje del corazón, qué cuestión o cuestiones te gustaría comprender, saber, solucionar.

Puede que una entidad de Luz con la apariencia de lo que para ti sea la presencia de un ángel, tu ser afín, con el que tu alma tiene afinidad, y que seguramente ya fue tu maestro instructor en la Atlántida, se presente para comunicarse contigo, se manifieste y te asista, te explique, te realice alguna sanación, sugerencia o consejo. Puede que te sugiera algún remedio medicinal holístico: tomar alguna esencia floral, trabajar con algún mineral, respirar algún color piánico determinado, tomar alguna infusión, realizar algún tipo de canto o sonido sanador... Confía. Lo importante siempre será tu intención, tu enfoque y tu confianza.

Te aseguro que cuando he guiado esta meditación de conexión de manera presencial, todas las personas obtenían resultados sencillamente entrañables, transformadores y alentadores, sobre todo porque el corazón recuerda lo que la mente ha olvidado sobre el vínculo con nuestra familia de Luz, con nuestros seres afines evolucionados, los ángeles y arcángeles.

Pasos

Ten preparado en tu mente y en tu corazón, sobre todo la primera vez que realices esta meditación-visualización, el o los temas que te gustaría expresar cuando te encuentres en la sala del color de la Luz. Permite que tu corazón se libere de pesos innecesarios: entrégalos allí.

Paso 1

- Elige un momento del día en el que puedas dedicarte un espacio de tiempo para ti sin prisas ni responsabilidades.
- Es conveniente que esta meditación la realices en tu hogar, en tu lugar preferido para meditar, con el objetivo de estar totalmente en el enfoque de la meditación sin ninguna distracción externa.
- Toma un baño o ducha y vístete con indumentaria blanca o de colores claros para sentirte neutral.
- Si vas a acompañarte de música, elige una especial, de frecuencias relajantes, de las instrumentales idóneas para meditar que permiten que la capacidad de visualizar se expanda, especialmente si están compuestas en la escala musical Solfeggio.
- Prende una vela y un incienso de tu agrado.
- Ten a la vista, frente a ti o en tu regazo, el cuarzo elestial, tu cuarzo maestro cuántico Solar Atlante.
- Sostén entre tus manos tu mineral personal (el que hayas elegido como mineral de compañía para la ocasión): cierra los ojos y acércalo al latido de tu corazón, y permite que se impregne de la vibración de tu corazón.

Paso 2

- Imagina, visualiza o siente que te encuentras en el interior de tu cuarzo y que puedes sentirte, visualizarte, con total naturalidad: todo a tu alrededor es cristalino como el interior del cuarzo, y ahora sientes que lo ves desde dentro; ve imaginándolo y poco a poco se hará real en tu visualización.
- Permite que tu visión interna se adapte a la luz brillante, natural, luminosa, del interior del cuarzo.
- Siente que llevas en tus manos tu mineral personal.
- Respira el aroma especial del lugar: paz, tranquilidad, pureza.

- Los colores sutiles de la luz te rodearán y te ayudarán a que puedas visualizar fácilmente el semicírculo de luz arcoíris que hay en el centro de esta estancia.

Paso 3

- Dirígete al arcoíris luminoso y siente que extiendes tus brazos para que tu mineral personal, a modo de llave, determine el color que para ti en estos momentos es más necesario que te rodee, que se distinga sobre los demás, para respirarlo, y permite que te envuelva.
- Ésta es una poderosa sanación pránica que durará segundos, pero que recibirán vibracionalmente todas las células de tu cuerpo. Es importante que sientas que lo respiras, que lo integras.

Paso 4

- Ahora es el momento de exponer a la consciencia y sabiduría del lugar lo que has venido a entregar, a preguntar, a comprender.
- Ahora es el momento en el que puedes sentir que una entidad de Luz, un ángel, te abraza, te arrulla, te consuela o te escucha con todo su amor y toda su sabiduría.
- Sentirás que la sesión sanadora ha finalizado cuando tu intuición te lo diga.
- Antes de finalizar la conexión, agradece al lugar la experiencia, lleva tus manos sobre tu pecho, localiza el latido de tu corazón, abre los ojos, mira tú mineral personal y tu cuarzo maestro cuántico Solar Atlante, y dales las gracias a ambos por su ayuda cristalina.
- Después de llevar las manos a tu pecho para sentir el latido de tu corazón, al abrir los ojos observa tu mineral de compañía y tu cuarzo cuántico; quizá notes que brillan más.

Recuerda tomar nota de todo lo que para ti haya sido importante.

Frecuencia de conexión angélica

Puedes realizar este trabajo personal energético en cada ocasión que así lo decidas; con la práctica, te darás cuenta de que es una experiencia poderosamente sencilla que te lleva poco tiempo, y en cada ocasión sentirás que la conexión ha terminado en la medida en que se vaya desvaneciendo la visualización, y será el momento de dar las gracias al lugar y a los ángeles, y de que sitúes tus manos en tu corazón antes de abrir los ojos.

La finalidad de esta maestría cuántica es principalmente sanadora y reveladora para ti. Y según mi experiencia tanto personal como docente cuando la he guiado a infinidad de personas, en la sala cuántica de la Luz de los colores te sientes en paz y armonía, a solas, notando la fuerza y la maravilla de los sutiles colores del arcoíris luminoso que emana del mismo centro de la sala.

La conexión es con la capacidad de la sala, sanadora, de consuelo, de entrega y renovación, de sanación en todos los sentidos y a todos los niveles de tu ser, de manera holística, beneficiándote de una sanación cuántica para el cuerpo, para la mente, para las emociones, los sentimientos, y para el alma.

Sin embargo, en muchísimas ocasiones he comprobado que se puede entrar en sintonía con la presencia de un ángel, incluso de varios ángeles que te rodean, te acunan, te arrullan, te consuelan y te realizan una sanación angélica, sutil, brillante y poderosa.

Esta ampliación de información te la ofrezco para que tengas en cuenta que podrías sentir en alguna de tus conexiones posteriores este tipo de ayuda y presencia angelical tan beneficiosa, sobre todo si en tu camino personal de crecimiento evolutivo ya sientes una conexión y vínculo especial con los ángeles. Los ángeles son siempre una bendición.

La enseñanza de los cuarzos cuánticos es inagotable, muy especialmente la del Solar Atlante.

En cuanto a la frecuencia con la que puedes realizar este trabajo energético, será tu intuición quien te lo dirá.

CUARZO CUÁNTICO SEMILLA ATLANTE

Reconocimiento visual

Los cuarzos cuánticos Semilla Atlante pueden tener distintas formas, tal y como te muestro en la imagen.

Son cuarzos diferentes por su forma. Suelen ser cuarzos cristal de roca de una gran transparencia y calidad que han sido tallados o torneados a mano para darles una forma particular, casi espacial, que llama poderosamente la atención o, por el contrario, no se repara en ellos porque no se siente ningún interés en los mismos.

No son habituales y sólo podemos encontrarlos y reconocerlos visualmente en algunas tiendas especializadas en minerales.

Tiempos de esplendor de la Atlántida

El origen del cuarzo cuántico Semilla Atlante es el del tiempo de esplendor de la Atlántida. Tiempos remotos en los que la tecnología era espiritual.

Algo impensable hoy en día, cuando desde hace siglos la ciencia se ha distanciado del concepto espiritual, metafísico, de la energía y sus leyes de vida.

En la Atlántida, sobre todo en su época dorada de esplendor, el cuarzo, la meditación, el acceso a realidades paralelas y la comunicación con entidades de Luz evolucionadas permitían a sus iniciados realizar auténticos prodigios de bienestar común.

Pero esta etapa duró poco en el tiempo atlante debido a que los egos manipuladores quisieron controlar la naturaleza y sus ciclos, y otros factores en los que se incluye la soberbia espiritual acabaron con la destrucción de dichos avances y el olvido de una civilización esplendorosa de la que no quedó nada escrito, aunque de manera previsora, anticipándose al cataclismo y a los tiempos futuros, los sabios y bondadosos atlantes archivaron su sabiduría en algunos cientos de miles de cuarzos que depositaron en las entrañas de la Tierra para que algún día volvieran a nuestras manos y retomáramos el vínculo con la sabiduría de los cuarzos, con su maestría.

Cada uno de tus cuarzos cuánticos tiene esas grabaciones, es en sí mismo y por sí mismo un cuarzo maestro Atlante de sabiduría.

Origen del cuarzo cuántico Semilla Atlante

En los templos iniciáticos de la sabiduría de los cuarzos maestros, este peculiar cuarzo también era llamado, en idioma atlante, cuarzo Semilla.

El origen de su nombre describe a la vez su origen y procedencia: era una semilla de sílice a la que se le hacía crecer desde el sentimiento y vínculo con el reino cristalino, y con amor, tesón y dedicación, se lograba que el cuarzo fuera tomando forma.

En ocasiones este cuarzo tomaba una forma parecida a la de la llama de una vela. En otras ocasiones tomaba una forma rectangular, originalmente extraña. A veces su forma era redondeada, sinuosamente femenina. En otras ocasiones tomaba el aspecto estético de la arquitectura imaginaria de un templo sideral, espacial, muy original, con ángulos y aristas o imitando majestuosas formas. Y en otras ocasiones más, este cuarzo personal, el más personal de todos los cuarzos maestros cuánticos que podemos conocer, iba adquiriendo la forma de una auténtica semilla pero de un tamaño mayor; estos cuarzos cuánticos Semillas crecían de una manera muy particular: tenían, y tienen, una transparencia extraordinaria, y generalmente son cuarzos de cristal de roca, de una extraordinaria calidad hialina, transparente.

En la fotografía anterior he tratado de reflejar las formas más extraordinariamente comunes, pero ten en cuenta que puede que sean diferentes, ya que en el cuarzo cuántico Semilla Atlante no hay normas.

Semilla Atlante hoy en día. Evidentemente, hoy en día este tipo de cuarzos están hechos de manera reciente, tallados y facetados con la única intención de que sean algo novedoso, original y estético; sin embargo, la casualidad no existe, y han sido así concebidos, distribuidos y puestos a la venta en comercios especializados en minerales para que lleguen a las manos de quienes por ellos nos sentimos atraídos.

Su interior está limpio de información: no contienen ninguna grabación ni archivo, no son ninguna llave de acceso en sí mismos; lo importante en ellos es su peculiar forma, que es especialmente singular para que los reconozcamos. Esto lo irás entendiendo, y seguramente resonará en tu corazón, a medida que vayas leyendo la información que en los siguientes apartados del cuarzo cuántico Semilla Atlante te iré ampliando.

Semilla silícea

El procedimiento para generar un cuarzo maestro Semilla te lo describiré tal y como se me permitió «ver» y, quizá, como a mí, te resulte familiar el proceso, como un recuerdo guardado en la menoría de la verdad del corazón y que ahora, sin duda, recordarás.

Procedimiento en la Atlántida para generarlo

Cada alumno del Templo de la Sabiduría Cristalina escogía un pequeño cuarzo natural o incluso un fragmento de cristal de roca transparente y lo ritualizaba de la siguiente manera:

Resonancia del latido del corazón: 33 días y noches

Lo situaba sobre el latido de su corazón (mediante alguna especie de pegamento natural o bien colocándolo dentro de una bolsita de tela) durante 33 días y 33 noches, en los cuales lo llevaba en permanente contacto con su cuerpo, impregnándose del latido de su corazón tanto de día como de noche.

Recepción de la energía cuántica del sol: 33 días

Después de pasados los primeros 33 días en los que el pequeño cuarzo permanecía en todo momento del día y de la noche en contacto directo con el latido del corazón de cada iniciado del Templo de la Sabiduría Cristalina, se procedía, durante 33 días más, a colocarlo cerca de su cabeza al dormir por la noche, y durante este mismo período de tiempo, al mediodía (cuando el Sol estaba en lo alto del firmamento) lo elevaba al cielo sosteniéndolo entre sus manos durante unos instantes con la intención de que el pequeño cuarzo recibiera la información del Sol, nueva cada día (como una actualización diría de información fotónica), y la albergara, la archivara en su interior. (Los rayos solares no sólo emiten luz; también emiten, a diario, información cuántica capaz de ser asimilada mirando al Sol del amanecer durante unos instantes).

Voz, canto, melodía personal: impregnación vibracional

A continuación, el iniciado o iniciada cantaba para el cuarzo un canto especial, parecido a lo que hoy en día conocemos como mantras sagrados, un canto melodioso seguramente constituido con palabras de poder y entonado desde el corazón. El objetivo de este canto era el de imbuir en el interior del pequeño cuarzo la vibración de la propia voz, de la vibración sonora y armoniosa realizada con las cuerdas vocales, el pensamiento enfocado y la intención armoniosa y amorosa. Este canto podía ser una canción improvisada en el momento, podía ser un canto vocálico o lo que ahora conocemos como un canto de poder, de bendición, de agradecimiento.

Incubadora natural: un año, una vuelta del Sol

El siguiente paso era enterrarlo en la tierra o en la arena, o en ambas cosas procedentes del lugar donde vivía, o bien en una especie de recipiente preparado (como una especie de incubadora) especialmente para que creciera. Ahí permanecería enterrado un año entero, una vuelta completa del Sol.

Transmisión y conexión a diario

Paralelamente, el ritual de la Semilla Cristalina seguía cada día de la siguiente forma: cada mañana, al amanecer, con los primeros rayos del sol, el iniciado o iniciada se dirigía al exterior, a la naturaleza, con el recipiente donde estaba su cuarzo maestro Semilla o se situaba en el lugar donde lo había enterrado y procedía de la siguiente manera ritual.

Recepción solar: con los ojos cerrados, el iniciado o iniciada se situaba frente al Sol y alzaba los brazos con las palmas de las manos abiertas para vitalizarlas con la energía pránica solar, recibiendo en sus manos la luz solar.

Transmisión a la tierra: A continuación colocaba las palmas de sus manos sobre la superficie de la tierra donde estaba el cuarzo enterrado, y durante unos minutos le hablaba, desde el corazón, con todo su sentimiento y verdad, trasmitiéndole su propósito de ayuda, para ayudarle a crecer, a que fuera tomando forma, a la vez que le trasmitía energía con sus manos, la energía del Sol combinada con el latido pulsante de sus manos y la intención de su sentimiento, con respeto, amor y consciencia de estar interactuando en el crecimiento y formación de lo que sería su propio cuarzo maestro Semilla Cristalina.

Le halaba con la mente y el corazón unificados, en coherencia cardíaca tal y como diríamos ahora, transmitiéndole su propósito.

Propósito y finalidad

El propósito de cada iniciado o iniciada era elevado: en su comunicación diaria con el cuarzo sembrado, le explicaba la finalidad para la que quería su crecimiento. Eran propósitos elevados relacionados con el propio camino evolutivo, con los dones y talentos personales; le pedía que se convirtiera en una semilla de propósito cristalino para acompañarle durante el resto de su vida, que le ayudara a encontrar, a fortalecer y/o a determinar su misión de vida, a convertirse en un excelente ser humano y llegar a ser un maestro digno del Templo de la Sabiduría Cristalina.

Resonancia nutricia

Seguidamente le ofrecía «alimento», es decir, la vibración de lo que para él o ella fuese especialmente significativo para ofrecerle su energía: agua, pétalos de flores bellas, el fuego de una pequeña vela, y un canto, siempre un canto, para que la resonancia de su voz siguiera llegándole.

Semilla formada e informada

Pasado un año, desenterraba el pequeño cuarzo, que ya no era pequeño ni tenía la forma original natural: su forma, una vez desenterrado, era distinta; había continuado creciendo de un modo coherente al propósito transmitido por el pensamiento/sentimiento de la persona, que en cada persona, en cada alumno o alumna del camino iniciático del Templo de la Sabiduría Cristalina, era diferente aunque parecido.

Este cuarzo formaría parte de su vida personal para siempre. No debía tocarlo nadie más para que su resonancia estuviera permanentemente en sintonía con su aliado humano.

Tu cuarzo maestro cuántico Semilla Atlante hoy en día

Evidentemente ahora, en este momento del tiempo lineal en la tercera dimensión, nuestra conciencia y consciencia es diferente, más limitada porque nuestra capacidad cerebral ya no es la que fue en los tiempos de la Atlántida y, salvo muy contadas excepciones, hoy en día, en nuestra realidad, no somos capaces los seres humanos de realizar semejante proeza de lograr (por mucho que nos enfoquemos) que un trocito de cuarzo o un cuarzo minúsculo adopte una forma coherente, única y especial al resonar con nuestro propósito, ni siquiera realizando todos los pasos del ritual interactivo que realizaba cada uno de los iniciados en la Atlántida cada día durante un largo período de tiempo.

Estoy segura de que somos aquellos atlantes que amábamos los cuarzos, que nos formábamos en sus secretos y sabiduría cristalina en el Templo de la Sabiduría de los Cuarzos Maestros..., tu corazón lo sabe. Tu mente puede sorprenderse, dudar..., pero tu corazón lo sabe.

El nivel de consciencia que teníamos los seres humanos en la Atlántida era muy superior al actual: nuestra capacidad cerebral incluía el funcionamiento consciente de ambos hemisferios cerebrales.

Conservábamos además la consciencia de lo que ahora llamamos el cerebro reptiliano u occipital; aunque la ciencia sólo nos dice que la presencia de esta parte del cerebro no posee ninguna actividad relevante, de la misma manera que describe que el ADN está compuesto en su mayoría por RNA y ADN basura, tal explicación no es totalmente real, puesto que en realidad no existe todavía la tecnología científica para descubrir todo el potencial que posee el ADN, sobre todo porque lo que la ciencia no puede explicar lo considera y califica como parapsicológico o metafísico sin explicación.

No olvidemos que la mentalidad científica ha sido newtoniana hasta hace muy poco tiempo (sólo se creía lo que se podía probar de una manera tangible, material, lineal, a través de pesos, medidas, volúmenes, longitudes, etc.) y que la física cuántica, la realidad cuántica, se encuentra hoy en día en sus comienzos, es decir, a la ciencia actual le quedan muchas cosas por descubrir y contrastar, cuestiones que desde hace siglos la filosofía metafísica y la espiritualidad afirman sin la menor duda.

Ser o tener

Siguiendo con la Atlántida, en sus últimos tiempos de esplendor ya se preveía que la sociedad se iba contaminando con el veneno de la soberbia espiritual poco a poco y que en algún momento indeterminado llegaría la destrucción de dicha civilización, y que además todos los avances tecnológicos se perderían, puesto que no existía ni el lenguaje escrito ni nada parecido que pudiera dejar un recuerdo ni científico ni histórico de aquellos tiempos excepcionales en todos los sentidos y a todos los niveles: filosófico, médico, artístico, científico, espiritual y tecnológico.

Por los registros akáshicos, se sabe que la sabiduría atlante fue transmitida a los únicos seres estables, equilibrados y cuánticos, capaces de permanecer inalterables hasta que el ser humano alcanzase nuevamente la inquietud por priorizar en sus vidas el conocimiento del *Ser* en lugar de la tendencia materialista del *tener*.

Y esa era de consciencia es la actual: la Era de Acuario, donde se supone que tecnología y espiritualidad vuelven a unir sus caminos y expectativas en aras de lograr una calidad de vida en armonía con uno mismo, con su prójimo, con el entorno y con el planeta, especialmente de manera individual, más allá de las apariencias devastadoras que nos acechan, es ahora, en tiempos de caos y confusión, pandemias globales, injusticia, violencia e inestabilidad, donde a la vez se da la oportunidad de elegir el camino interior de autoconocimiento o el exterior de distracción, miedo, manipulación e inconsciencia.

Causalidad

Evidentemente, has comprado tu cuarzo cuántico Semilla Atlante en una tienda o evento de minerales, te ha llamado la atención precisamente por su forma, una forma original, que, aunque tallado, sentías que tu corazón lo reconocía de forma consciente o inconsciente.

Sin embargo, puede que te preguntes (o te lleves la sorpresa al realizar las prácticas con él) si realmente ya te perteneció. Bien, puede ocurrir. Pero generalmente el que tienes en tus manos ha sido tallado, no ha crecido así.

No obstante, ten en cuenta que alguien, es decir, a quien se le ha ocurrido tallarlo de esta particular forma, eligiendo piezas de cuarzo especiales por su transparencia, o por sus inclusiones de rutilo, o por pura inspiración lapidaria, dándole una forma tan extraña –rectangulares, con forma de llama de una vela, con forma de semilla cristalina, etc.–, sin ser consciente de ello, de manera casual-causal, ha hecho de emisario sincrónico para que tú lo reconozcas y lo elijas, y, sobre todo, para que puedas sembrar en él tu propósito.

Lo importante es que realices la práctica que te describo seguidamente para que siembres en el tu propósito, ya que hacerlo crecer es imposible; ya no poseemos los seres humanos el nivel de actividad de los dos hemisferios cerebrales que teníamos en los gloriosos tiempos de la Atlántida.

Práctica

La práctica trata de que siembres tu propósito en tu cuarzo maestro cuántico Semilla Atlante. Tu propósito tiene que estar definido, desprovisto de dudas e incertidumbres, para lo cual tendrás que realizar un trabajo de reflexión personal durante un tiempo.

Semilla de propósito. Lo que vas a sembrar en este cuarzo cuántico es una semilla de propósito para que, después de ritualizarlo, se convierta en tu aliado cristalino para conseguir lo que te propones, para lo cual tendrás que ir paso a paso, y los pasos que hay que seguir son los siguientes:

Paso 1: Elegir tu propósito

Decide cuál es tú propósito: puede que tu propósito esté relacionado con la salud, con la prosperidad, con las relaciones o con la protección.

Lo ideal es que escribas en un papel todo lo que se te ocurra y sientas lo que para ti sea más importante como propósito, es decir, los detalles de tu propósito.

Desde tu poder cuántico: el corazón. Es muy importante tener claramente definido por escrito tu propósito, ya que tu cuarzo cuántico Semilla Atlante, por su cualidad cuántica, por ser y estar más allá del tiempo lineal, te ayudará a sanar o fortalecer tu merecimiento y tu capacidad de prosperidad para recibir y lograr con equilibrio, armonía y alegría lo que te propones de manera unificada, y para ello el enfoque ha de ser desde el corazón, no desde la mente.

Es importante que recuerdes que la mente es dual, el corazón no. El corazón es cuántico.

Definición de propósito

Un propósito es algo que te propones. No es un deseo. No vas a programar un cuarzo.

Vas a realizar una alianza con un cuarzo cuántico que es en sí mismo una semilla de consciencia crística en la que te dispones a sembrar lo que te propones y que te acompañará, para tu mayor bien, el resto de tu vida.

Un propósito no es un deseo: un propósito es algo que te propones conquistar, fortalecer, integrar, convertirte en ello.

Piensa y siente cuál es tu propósito antes de realizar el trabajo de siembra que te describiré a continuación paso a paso.

Pregunta importante. Si pudieras establecer una alianza con un ser de consciencia crística, cristalina, que es material pero que a la vez no le afectan las leyes de la materia como el tiempo, y que además está más allá de la polaridad y la dualidad..., piensa, siente: ¿para qué le pedirías ayuda en tu propósito?

Un propósito es algo que te propones para mejorar tu vida, tu carácter, tus relaciones, tu prosperidad, tu salud, tus talentos, tu profesión, tus cualidades, tu vida en algún aspecto determinado.

Tómate tu tiempo para escribir detalladamente tu propósito, ya que al fin y al cabo vas a realizar una siembra consciente.

Sembrar un propósito

Esta siembra la vas a realizar desde el poder de la unidad, sin polaridad, sin dudas, sin pensamientos contradictorios, tal y como verás y sentirás al seguir cada paso propuesto para realizarlo.

Pero tienes que tener muy claro por qué va a funcionar: la dualidad y polaridad están vinculadas al segundo chakra, a las emociones, y por lo tanto a las dudas, a los pensamientos negativos o de desconfianza y falta de merecimiento.

Sin dualidad

La mente, la duda, las contradicciones, la dualidad, es lo que permite y genera experiencias con contrastes, apegos, desgastes en todos los sentidos, miedos, dudas, adicciones, preocupaciones..., y limita nuestra capacidad creadora de realidades auténticas, iluminadas, amorosas, esenciales de paz y amor, concordia verdadera, y si bien es necesario este tipo de experiencias tan comunes en esta realidad material, ya que sólo en la tercera dimensión podemos experimentar todo el abanico de emociones, tanto las positivas como las negativas, también es cierto que la Madre Tierra es un paraíso de bienestar, no sólo de conflictos necesariamente, sino también de consciencia, armonía y equilibrio.

Y además los seres humanos no sólo somos materia: somos luz, espíritu sin polaridad, esencia cristalina.

Desde el equilibrio emocional: templanza

Las emociones se equilibran manteniendo la armonía, en todos los sentidos y a todos los niveles, viviendo en un estado permanente de calma interna: templanza.

La templanza es como una semilla que al ir creciendo permite integrar la dualidad y la polaridad porque implica, de manera asociativa, el pensamiento positivo, la confianza, el orden, la paciencia, la esperanza y el merecimiento, entre sus principales atributos.

Y el resultado es que podemos lograr la paz tanto interior como exterior, con neutralidad, de manera equilibrada y con dirección de propósito.

El cuarzo cuántico Semilla Atlante está estabilizado por pertenecer a la realidad cristalina.

Paso 2: Propósito cuántico

Tienes que conseguir que tu propósito sea realmente cuántico; esto quiere decir que realices la siembra de propósito desde el corazón.

Con sentimiento de merecerlo y disfrutarlo, con la verdad poderosa del corazón, porque en el corazón no hay dualidad; su naturaleza es la unidad.

Desde la unidad del corazón: merecimiento

Se trata de sembrar tu propósito desde el estado esencial del corazón, sin necesidad de contrastes, desde el merecimiento; es una semilla que se siembra para obtener cosecha; dejar el esfuerzo como herencia de aprendizaje forzoso y heredado, y cosechar el merecimiento: que las cosas sean desde la facilidad y no desde el desgaste, la queja, la duda o la desilusión.

Este tema es muy importante porque generalmente nuestro ADN contiene grabaciones heredadas de nuestros ancestros, tal y como contemplan los estudios y trabajos llamados transgeneracionales, enfocados a resolver estas herencias energéticas que actúan inconscientemente atrayendo posibilidades de acierto y error según hayamos heredado tendencias de nuestros antepasados, de ahí la importancia de estar en un estado esencial del corazón para poder sembrar el propósito en el que estamos enfocados sin interferencias de aprendizaje limitadoras.

Estado esencial

El estado esencial es una de las realidades cuánticas del cuarto chakra, el del corazón. Es un estado de conciencia en el que la mente se encuentra en unidad, equilibrio y armonía con el corazón, enfocados en el mismo propósito: sentir bienestar.

Cuando sientes alguno de los estados esenciales mientras estás en estado de relajación, escuchando música relajante, y evocas una situación agradable como por ejemplo algo que te inspira calma, paz, armonía, amor, gratitud, felicidad, alegría..., como un amanecer o sentir con tu imaginación que estás en un paisaje especialmente reconfortante de la naturaleza, una playa, montaña, arboleda, un lugar reconfortante para ti, que te inspira paz, el cerebro, químicamente, da por hecho que lo que estás visualizando, imaginando y sintiendo es real. Y obra en consecuencia ordenando a las glándulas maestras del cuerpo que segreguen y distribuyan las hormonas del bienestar por todos los órganos del cuerpo, y estas benditas sustancias reparadoras, regeneradoras, de sanación, alegría y felicidad elevan nuestra salud y nuestro estado de ánimo.

Objetivos de propósito

Al realizar la siembra en tu cuarzo cuántico Semilla Atlante desde un estado esencial, conseguirás que se convierta en un aliado cristalino para conseguir tu objetivo. Aquí te incluyo unos cuantos ejemplos de objetivos de propósito.

Los objetivos de propósito, tu alianza, pueden ser:

- Para desarrollar la confianza en ti y en la vida.
- Para tener templanza en tu carácter, personalidad y temperamento.
- Para atraer circunstancias favorables de consciencia a tu vida en tu camino personal y espiritual.
- Para ayudarte a relacionarte con personas entrañables para tu mayor bien.
- Para superar limitaciones propias o heredadas.

- Para desvincularte de patrones heredados de fracaso, sufrimiento o limitaciones que te aportan aprendizaje y experiencia, sí, pero desde el dolor.
- Para sentirte una persona próspera en todos los sentidos.
- Para que tus dones, talentos y cualidades se expresen en equilibrio y armonía.
- Para realizar tus sueños con merecimiento, sentido común y alegría.
- Para fortalecer tu voluntad.
- Para que se expresen tus cualidades en tu carácter, trabajo, profesión, metas y proyectos laborales.

Éstos son los principales objetivos de propósito, pero quizá se te ocurran más; recuerda seguir lo que te dice tu intuición desde el corazón.

Paso 3: Realización del sembrado

- Elige un momento del día en el que puedas dedicarte un tiempo especial para ti.
- Es recomendable que realices esta meditación acompañándote de una música relajante, especialmente indicada para que tanto la mente como el cuerpo logren un estado esencial de calma, paz y tranquilidad.
- Puedes prender un incienso y una vela del aroma y del color de tu preferencia, que te ayudarán a generar un entorno mucho más armónico.
- Sostén entre tus manos tu cuarzo cuántico Semilla Atlante. Cierra los ojos y llévalo sobre tu pecho para que resuene con el latido de tu corazón.
- Déjate llevar por la música a un paisaje de la naturaleza de calma y belleza, que ya conoces por haber estado físicamente allí, o bien que tu imaginación lo recree en ese momento con la guía de la música.
- Realiza varias respiraciones profundas sintiendo el estado de bienestar en el que te encuentras.
- Desde el estado esencial en el que estás, siente la presencia en tus manos de tu cuarzo cuántico Semilla Atlante y transmítele tu propósito, con tus propias palabras y sentimiento.

Este paso tienes que repetirlo una o dos veces al día (el de trasmitirle a tu cuarzo Semilla Cuántica tu propósito). Idealmente por la mañana y por la noche antes de apagar la luz al acostarte, durante un período de tiempo de 28 días (una fase lunar, empezando con luna creciente o llena).

Después guardarás el cuarzo en una caja de madera o en una bolsita de tela de color blanco, azul, violeta o negra. Este cuarzo no debe tocarlo nadie para que no interfiera ninguna resonancia más que la tuya personal.

Paso 4: Seguimiento de la siembra

Pasados los 28 días, realizarás la siguiente rutina durante tres meses todos los días:

- Por la noche: sitúalo debajo de la almohada después de haberlo sostenido unos minutos sobre el latido de tu corazón pensando y sintiendo que mereces –sin ninguna duda– conseguir tu propósito (no pueden darse interferencias de memoria celular ancestral porque ninguno de tus ancestros ha realizado este vínculo y seguramente ningún miembro de tu familia ha tenido interés por la consciencia cristalina de los cuarzos cuánticos).
- Por la mañana al despertar: toma entre tus manos el cuarzo cuántico Semilla Atlante y dale las gracias por su ayuda, por estar en tu vida.

Como estás observando, éste es un ritual extenso, ya que se trata de establecer un vínculo muy importante con tu cuarzo cuántico Semilla Atlante.

Seguimos ahora con el ritual diario.

Ritual diario durante 33 días

Esta rutina tendrás que realizarla a lo largo del día durante 33 días.

Elige un momento en tu día (para cada día durante los 33 días que dura este ritual) en el que puedas estar sin prisas y prepara el siguiente altar:

- Una vela blanca (que representa la impecabilidad y el elemento Fuego).
- Una planta o flor viva (que representa el elemento Tierra).
- Un recipiente con agua a la que le añadirás un poco de miel (que representa el elemento Agua).
- Y un incienso del aroma de tu preferencia (que representa el elemento Aire).

Sitúa en el centro del altar tu cuarzo cuántico Semilla Atlante y durante unos minutos, con los ojos cerrados y con las manos abiertas orientando las palmas hacia el cuarzo, siente cómo le trasmites tu propósito.

Agradece su ayuda y déjalo de nuevo en el centro de este armonioso altar hasta que la vela se haya consumido por completo. (Si tienes que salir de casa, no dejes la vela encendida; lo ideal es que utilices una vela pequeña para que no tarde en consumirse). Lo importante es la atención y el enfoque en tu propósito durante estos 33 días.

Paso 5: Siembra finalizada

Pasados los 33 días, tu cuarzo ya está sembrado con el propósito que le has imbuido y se habrá convertido en tu semilla cristalina de ayuda para siempre.

(Recuerda que un cuarzo cuántico Semilla Atlante no es un cuarzo programado al que, una vez conseguido el objetivo para el que se le programó, se le puede limpiar y utilizarlo para una nueva programación).

Cuanto más tiempo estés en contacto con él, mayor será la resonancia.

Puedes llevarlo cerca de tu cuerpo, en una bolsita chamánica colgado sobre la zona de tu corazón.

Puedes tenerlo entre las manos para meditar y/o relajarte.

Puede acompañarte en tus viajes, cuando vayas a la naturaleza, o en aquellas ocasiones en las que tú así lo sientas.

TU VÍNCULO CON LOS CUARZOS MAESTROS CUÁNTICOS

Las maestrías cuánticas nos ofrecen grandes regalos; son herramientas evolutivas valiosas, no son objetos mágicos: son de trabajo personal.

Tienes que confiar en que la casualidad no existe, y si te has sentido atraído por este libro, lo creas o no, tu vínculo con los cuarzos maestros cuánticos es muy antiguo.

Confía y practica; todo lo demás irá llegando.

Puede que éste último sea, de todos los cuarzos cuánticos, el que más resuene para ti, pero podría ser que tuvieras una mayor empatía y resonancia con alguno de los demás e incluso con los siete en su totalidad. Eso lo sabrás sin ninguna duda después de practicar con cada uno de ellos.

Tampoco te preocupes si todavía no tienes físicamente en tus manos éste o cualquiera de los demás cuarzos cuánticos: ya llegará a tus manos, no lo dudes.

No necesitas ningún don especial para comunicarte con la esencia cristalina de los cuarzos cuánticos. Es cierto que hay personas que tienen más facilidad para la conexión, visualización y canalización, sobre todo porque en su vínculo hay certeza, no hay dudas, y son capaces de enfocarse con mucha más dirección de propósito, sin interferencias, sin dudas, de una manera natural o de una manera adquirida con la práctica.

Desde luego que solamente tener curiosidad no es suficiente: se necesita vínculo y resonancia.

La comunicación con su sabiduría cristalina se establece desde el corazón, donde está la transparencia y la mente subconsciente se alinean con esta verdad en coherencia, y es entonces cuando la información fluirá con certeza.

Es de gran importancia que elijas una música especial de meditación. Hoy en día es fácil obtenerla. Te sugiero muy especialmente las que están realizadas a propósito e indican los hercios en los que se basa la composición.

En el siguiente y último apartado te incluyo información al respecto.

LA IMPORTANCIA DE LA MÚSICA DE MEDITACIÓN

Las ventajas de utilizar música especial para realizar las conexiones, visualizaciones y canalizaciones con los cuarzos maestros cuánticos es muy amplia, y todas estas ventajas son igualmente beneficiosas en todo momento que queramos o necesitemos relajar tanto el cuerpo como la mente.

Éstas son algunas de dichas ventajas:

Bienestar para el cuerpo y la mente

Cuando escuchas música de meditación, sobre todo si lo haces en una postura relajada y con los ojos cerrados, el cerebro se enfoca directamente con un grato estado de bienestar, y por añadidura, el cuerpo se relaja.

Tu lista de músicas apropiadas para la meditación, tus preferidas, activa las redes neuronales del bienestar.

Dedicar un tiempo a diario a la escucha consciente de música especial de meditación te transportará automáticamente a estados esenciales del corazón, ya que con la práctica tu imaginación asociará, de manera inmediata, paisajes agradables de la naturaleza, tu respiración se volverá relajada y la posible tensión de tu cuerpo se neutralizará.

Hábito diario

Para que la música de meditación se convierta en una de tus más eficaces autoterapias, se tiene que convertir en un hábito diario, aunque tan sólo le dediques unos minutos, aunque sólo la escuches al ir a dormir ya en la cama: escuchar música antes de dormir o mientras se concilia el sueño preparará tu cuerpo y tu mente para descansar mejor y que tus células realicen el proceso de metabolismo con mayor equilibrio, eficacia y armonía.

También puedes adquirir el hábito de escuchar música de meditación durante unos minutos por la mañana, después de ducharte y desayunar, y antes de lanzarte al ritmo de tus ocupaciones y responsabilidades diarias. Con la práctica descubrirás que fluirás mejor durante el día en muchos sentidos, ya que para fluir en cada momento del día, la mente ha de estar alegre, optimista, libre y con claridad, y éstas son las ventajas de este hábito.

Características de la música

La palabra «música» viene del término griego *mousike*, que significa literalmente «estar en contacto con las musas».

Y las musas son la fuente, la inspiración creativa.

Las musas eran nueve. Eran representadas por seres femeninos y consideradas la fuente misma de inspiración en nueve ramas de la creatividad artística, especialmente en todo lo concerniente a la inspiración musical.

La música de meditación tiene muchas ventajas positivas gracias a sus especiales características únicas.

Estas características principales son:

- Ritmo
- Armonía
- Sincronía
- Resonancia
- Disonancia

Ritmo

El ritmo de una música (o de una canción instrumental con o sin letra cantada) de meditación es lo que la define como lenta o rápida, activadora o relajante. En el caso de la música para meditar, ha de ser tranquilizadora, relajante, evocadora de estados de relax y bienestar.

Armonía

La armonía de una música, o de una canción, de meditación es la coherencia que nos transmite y nos hace sentir; es la combinación de la totalidad de cada parte del conjunto que la constituye.

Sincronía

La sincronía de una música, o de una canción, de meditación se da cuando nos transmite que todos los sonidos se corresponden en belleza, sentido, originalidad, etc.

Resonancia

La resonancia de una música, o de una canción, de meditación es la duración de una nota, su tiempo o eco de reverberación que hace que la canción vibre de una manera diferente dentro de la misma adquiriendo diferentes fluctuaciones o tonalidades.

Disonancia

La disonancia son los intervalos, los sonidos/acordes que no están en consonancia y que, a nivel general, no son agradables. Pero en el caso de la música de meditación, puede ser incluso agradable; por ejemplo, si incluye en un momento determinado y de manera inesperada sonidos de olas, de lluvia, de pájaros, etc. que nos relajan, nos transportan a imaginar de forma más lúdica y agradable.

Lo bueno de la disonancia es que el cerebro entra en modo expectativa y esperanza de resolución. Efectivamente, cuando la música sigue después de un intervalo disonante, se produce en el cerebro una satisfacción placentera, como el sonido inesperado de las olas o de la lluvia.

Paz en el cerebro

Cuando escuchamos música especial para meditar, el flujo sanguíneo y el oxígeno aumentan en diferentes áreas del cerebro.

Las células nerviosas individuales transmiten mensajes sobre cada sonido y sus detalles desde el oído interno hacia pequeños grupos nucleares en las diferentes zonas del cerebro.

La música tiene la capacidad de ejercer una influencia muy positiva, ya que en menos de un segundo, sobre todo si estamos con los ojos cerrados, puede cambiar los patrones de ondas cerebrales, que son las corrientes eléctricas del cerebro.

Esto es así si elegimos para que nos acompañe en nuestras meditaciones la música de relajación especialmente concebida para inducir placenteramente a estados de bienestar, armonizando las ondas cerebrales de manera casi inmediata.

Ondas cerebrales

Las ondas cerebrales pueden medirse con un aparato llamado encefalograma (EEG). Las frecuencias cerebrales son beta, alfa, zeta y delta.

Las ondas o frecuencias más altas, intensas, son las beta, que definen el estado de mente despierta, alerta.

Las ondas o frecuencias alfa son las más lentas y se corresponden a un estado relajado, de meditación.

Las ondas zeta son de una frecuencia más lenta aún y se relacionan con el estado de ensoñación o relajación muy profunda.

Y las ondas cerebrales más lentas de todas son las delta, relacionadas con el sueño profundo, la capacidad de visualizar y canalizar.

Por lo que escuchar de forma habitual música de meditación de tu preferencia hará que el cerebro esté en una longitud de onda de paz y bienestar que repercutirá favorablemente en la salud del cuerpo y en el estado de ánimo a lo largo del día en las actividades diarias, ya que este tipo de música posee una frecuencia o longitud de onda idónea.

Genoma humano

Desde que en el año 2000 se descubrió la secuencia del genoma humano, se sabe que los genes responden a estímulos concretos activando o desactivando algunos genes, lo cual contribuye a nuestro estado de bienestar en el sentido de la calidad de vida, la salud y la alegría cuando escuchamos música que nos motiva, especialmente las bellas melodías de la música de relajación y meditación.

En este sentido, la música también es inspiradora, porque activa paz interior y desactiva estrés tanto físico como mental.

Las diferentes frecuencias vibratorias

Todo cuanto existe en nuestra realidad posee su propia vibración, su propia frecuencia, su propia longitud de onda, incluidos los átomos que, según sea su frecuencia, se unen para configurar una forma de vida, ya sea del reino animal, vegetal o mineral.

Y, como si se tratara de una invisible orquestación, cada átomo posee alrededor de su núcleo uno o varios átomos girando a su ritmo, a su propia velocidad y características propias que establece su particular longitud de onda, y que podríamos ver o escuchar con la tecnología apropiada como color o como sonido, ya que todo tiene una equivalencia.

Todo vibra con su propia identidad, con su propia longitud de onda, su propio sonido audible o no.

Algunos sonidos poseen una frecuencia vibratoria que nos resulta agradable, o estimulante, o angustiante, o alentadora, sanadora, inspiradora, e incluso transformadora por lo sagrada de su frecuencia, como ocurre con los mantras o con la música compuesta con la escala de frecuencias Solfeggio, o con frecuencias especiales para meditar y relajar mente y cuerpo, tan sanadoras por su frecuencia en hertzios.

Hertzios

Un hertzio es la unidad de frecuencia del Sistema Internacional de Unidades.

Hasta los años setenta, se denominaba *ciclo por segundo*, pero fue reemplazado por el término *hertzio* en honor a Heinrich R. Hertz, el descubridor de la propagación de las ondas electromagnéticas.

Un hertzio es la medida de repetición o ciclo en el que vibra cada segundo una vibración, en este caso, musical, es decir, su frecuencia.

Un hertzio es la frecuencia de la oscilación de una partícula cuando vibra. (Relativo a verbo, principio de creación, poder, palabra, vibrar, sonido).

Alta sensibilidad

A las personas sensibles, la melodía de algunos temas musicales nos aporta sentimientos especiales, la mayoría de las veces positivos, otras veces de añoranza o incluso de tristeza. Es por este motivo por lo que a la hora de elegir las diferentes músicas para realizar las meditaciones y visualizaciones con nuestros cuarzos cuánticos, elegiremos las que nos resulten más inspiradoras.

Desde el corazón

Como ya hemos visto, las músicas especiales para meditar relajan y favorecen al cerebro, y, por lo tanto, benefician a todo nuestro organismo, principalmente al sistema nervioso. Pero además las elegiremos teniendo en cuenta sobre todo lo que nos dice nuestro corazón, ya sea que nuestra intención sea meditar o simplemente relajarnos con los ojos cerrados.

Las melodías del corazón pueden ser de música clásica, canciones de alguien con una voz reconfortante, melodías sin voz, melodías de un solo instrumento como la flauta o el arpa, canciones de góspel, baladas románticas (siempre y cuando nuestro corazón no esté herido sentimentalmente en esos momentos; si no, nos resultará triste), música de mantras, música celta tranquila, las canciones de cuna con sus melodías lentas, suaves y tiernas, las canciones con letras de final feliz, de ésas cuyas letras le ponen alas a nuestro corazón, ese tipo de canciones cuyo compositor parece que estaba pensando precisamente en nuestro estado de ánimo cuando la compuso, canciones cuya melodía y letra nos alivian en lo más profundo de nuestro ser cuando las escuchamos.

Con inspiración

Para elegir música idónea para meditar y visualizar, tendremos en cuenta que nos inspire, que nos transporte a un estado de gracia, de paz y alegría interna, de felicidad, músicas edificantes que al escucharlas sintamos que la energía del corazón se expande, se abre, se maravilla.

Si las buscas por Internet, fíjate en que tengan frecuencias beneficiosas para el corazón, como por ejemplo las de 444 Hz, 528 Hz (la frecuencia del corazón), 888 Hz, 777 Hz, 999 Hz, 1111 Hz, etc., que, además de ser relajantes e inspiradoras para el corazón, están especialmente indicadas para meditar, visualizar y canalizar en el trabajo de conexión con tus cuarzos maestros cuánticos.

También son muy indicadas las músicas de meditación compuestas en la escala Solfeggio.

Escala Solfeggio

La escala Solfeggio está compuesta por siete notas: UT – RE – MI – FA – SOL – LA – SI, que son sanadoras por su especial vibración en hertzios.

Se cree que antes de la Edad Media era la escala en la que se cantaban y se componían piezas musicales destinadas a la sanación. Pero, inexplicablemente, fue ocultada y sustituida por la escala musical que conocemos ahora.

Se cree que fue la Iglesia católica quien la ocultó por su cualidad sanadora, ya que desde aquellos tiempos, toda técnica terapéutica que no fuera la oración era considerada diabólica, ya que si alguien está enfermo en su cuerpo o en su estado de ánimo, es porque así lo quiere Dios, y se debe tener fe en recibir sus milagros.

Curiosamente, la primera nota, UT, cuya vibración es liberadora, se sustituyó por DO en la escala musical, que resulta Do-minante, Do-lorosa, Do-gmatica..., y que inculca subliminalmente el desasosiego espiritual, la sensación de abandono y de separación, el desequilibrio emocional, la desesperación y la amenaza de estar vigilados por el Do-minus Dei, o sea *el dios padre que todo lo ve...*, y te considera impuro y pecador, y si además has nacido mujer... ya ni te libras del pecado original, o sea, desde el principio del origen, y llevarás el pecado de Adán en tu genética o, lo que es lo mismo, en el ADN.

Se sabe que la escala musical, la antigua, la escala Solfeggio, fue el origen para nombrar a las notas musicales y que fue obtenida de un antiguo salmo en honor a san Juan tomando las primeras dos letras de cada frase de dicho salmo.

Éste es el salmo, en el que he puesto la primera sílaba en mayúscula para que se aprecie más claramente: UT-RE-MI-FA-SOL-SI (la nota SI formada por la primera letra de *Sancte* (Sagrado) y del nombre *Ioannes* (Juan).

UT queant laxis
REsonare fibris
Mira gestorum
FAmuli tuorum
SOLve polluti
LAbii reatum
Sancte Ioannes

Y éste es su significado:

Ut queant laxis: «Permito espacio para dejar salir (limpieza energética)»

Resonare fibris: «Resuena fibra (células)»

Mira gestorum: «Gesto maravilloso (hago ahora el milagro)»

Famuli tuorum: «Tus siervos, tus ministros (toda la familia humana)»

Solve polluti: «Sin contaminación (libres de contaminación)»
Labii reatum: «Oh, la doble liberación (la doble espiral del ADN)»
Sancte Ioannes: «Sagrado Juan»

Y ésta es su frecuencia en hertzios y su capacidad sanadora:

UT: 396 Hz. Frecuencia especial para la liberación de culpas y miedos.

RE: 417 Hz. Frecuencia especial para la liberación de apegos y facilitación de cambios, transformación, equilibrio emocional.

MI: 528 Hz. Ésta es la frecuencia especial para procesos personales de transformación, sanación de heridas del corazón y de recuerdos dolorosos, milagros. (Frecuencia de reparación del ADN utilizada en experimentos en laboratorios químicos).

FA: 639 Hz. Frecuencia adecuada para las conexiones y relaciones desde el corazón, armonía, bienestar, tranquilidad.

SOL: 741 Hz. Frecuencia especial para el despertar y equilibrio de la intuición.

LA: 852 Hz. Frecuencia idónea para alcanzar estados de elevado sentimiento espiritual.

SI: 963 Hz. Frecuencia de armonía sagrada, bendición.

Cuerpo, mente, espíritu

La música compuesta con la escala Solfeggio es tan sanadora porque su cadencia frecuencial en hertzios se basa en el número 3 (y sus múltiplos), que representa la tercera dimensión de conciencia y el estado armónico del ser humano de manera holística: cuerpo, mente, espíritu.

Puedes observarlo al ver sus números sumados entre sí y reducidos a una sola cifra representativa:

UT: 396 Hz = 3 + 9 + 6 = 18 = 1 + 8 = 9
RE: 417 Hz = 4 + 1 + 7 = 12 = 1 + 2 = 3
MI: 528 Hz = 5 + 2 + 8 = 15 = 1 + 5 = 6
FA: 639 Hz = 6 + 3 + 9 = 18 = 1 + 8 = 9
SOL: 741 Hz = 7 + 4 + 1 = 12 = 1 + 2 = 3

LA: 852 Hz = 8 + 5 + 2 = 15 = 1 + 5 = 6
SI: 963 Hz = 9 + 6 + 3 = 18 = 1 + 8 = 9

Lo cual forma el ciclo del 9 o Maestría del Hombre Iniciado en el Misterio más Sagrado, el de conocerse a sí mismo siendo un libre pensador.

Todos estos datos te los he incluido para que valores la importancia tan especial que tienen las músicas de meditación compuestas en esta escala.

Otras frecuencias sanadoras

Otros sonidos igualmente sanadores que se mantienen diferentes de la escala musical «oficial» que empieza por Do y termina en Do son por ejemplo el sanador sonido que emiten los cantos chamánicos y el sonido que emiten la mayoría de instrumentos étnicos, principalmente tambores, campanitas, maracas, sonajas, etc.

Igualmente es considerada sanadora la mayoría de música oriental, especialmente el sonido del cuenco tibetano, el didgerido, o los mantras sagrados.

Este tipo de sonidos y melodías realizadas con una escala diferente a la conocida hoy en día era una forma de sanación que se practicaba en la Atlántida para ajustar la vibración mente-corazón al cuerpo físico y disfrutar de salud y longevidad.

Y, además, la longitud de onda, la frecuencia propia de la resonancia de los cuarzos, es afín a todas estas frecuencias y a una más, quizá la más sagrada y especial de todas: la de tu propio corazón.

PARA FINALIZAR

Integrar a tu ritmo

Espero y deseo que el contenido de este libro haya reforzado tu vínculo con los cuarzos, con sus maestrías, y que retomes el camino de la sabiduría cristalina emprendido en la Atlántida, incluso antes..., quién sabe.

Quizá hayas leído estas páginas de un tirón. Está bien. Y seguramente habrás llegado a la conclusión de que es una enseñanza intensa para cada uno de ellos. Sí, es así, y mi sugerencia es que vayas poco a poco adquiriendo el compromiso contigo de realizar las prácticas eligiendo, según tu etapa de vida y momento actual, la enseñanza del cuarzo cuántico por el que más sintonía sientas, que le dediques tiempo y constancia, que tomes notas, que disfrutes de su enseñanza y que, cuando tu intuición te lo diga, continúes con el siguiente de tu elección.

Cuando hayas practicado con todos ellos, te habrás convertido en una persona experta en varios temas:

Tendrás más recursos relacionados con los lugares de poder, aquellos lugares que ya conoces y los que sientas querer conocer con la ayuda cuántica del cuarzo maestro cuántico Urantia.

Valorarás el alivio que supone vivir sin pesos, sin pesares, a través de las enseñanzas contenidas en la maestría del cuarzo cuántico del Maestro, al enfrentar, comprender y despedir tus miedos personales.

Sabrás muchas más cosas relacionadas con la capacidad de celebrar la vida, el presente, el *ahora*, gracias a tu conexión especial con el/la andrógino primordial cada vez que utilices la conexión cuántica con tu cuarzo cuántico maestro Esfinge, además de trascender, a tu propio ritmo, la presión y la confusión propia de la dualidad y la polaridad.

Accederás, siempre que así lo decidas, a través de la enseñanza y especialización del cuarzo maestro cuántico Archivo Akáshico, a tu sala del espacio akáshico para comprender determinadas situaciones, acontecimientos, experiencias o relaciones cuya apariencia desafortunada contenía en realidad un pacto evolutivo de almas.

Podrás recibir la enseñanza inagotable de la esencia de las madres cósmicas en cada ocasión que con tu cuarzo maestro cuántico Uluru te encuentres con ellas en tu espacio mágico de naturaleza mágica cristalina, y aprenderás o reforzarás las enseñanzas de las razas animales que para ti sean significativas, tus tótems animales preferidos.

Te resultará fácil y sencillo conectar con la maravillosa energía de los ángeles y arcángeles y con la terapia de luz y color de su templo, muy especialmente si ya sentías una conexión y vínculo con los ángeles, que se verá reforzada y positivamente ampliada en el trabajo personal de conexión con el cuarzo maestro cuántico Solar Atlante.

Y si mantienes el compromiso contigo mismo, podrás lograr tus metas y propósitos sembrando una semilla de oportunidad con tu cuarzo cuántico Semilla Atlante.

Pero todo esto lo irás logrando e integrando a tu ritmo, sin prisas, con constancia y compromiso de que así sea.

Quizá te surja alguna duda o pregunta mientras lees estas páginas; aquí te incluyo un apartado de las preguntas que con más frecuencia me han formulado a lo largo de los años mis alumnas y alumnos en el curso presencial y en las conferencias y charlas sobre el contenido de este libro.

Preguntas frecuentes

¿Puedo realizar las meditaciones y trabajos energéticos con el cuarzo cuántico de otra persona?

Los cuarzos cuánticos son maestros personales; esto quiere decir que interactúan contigo de manera unidireccional, resuenan contigo porque estableces un vínculo único con cada uno de ellos: no son objetos, son aliados del reino mineral con una consciencia mineral, cristalina. Según mi opinión y experiencia, cada persona tiene que tener sus propios cuarzos maestros cuánticos personales.

¿Es imprescindible tener los siete cuarzos cuánticos físicamente?

No es imprescindible porque no es conveniente que trabajes con todos ellos a la vez, sino de uno en uno, dándote el tiempo necesario con cada uno de ellos para realizar las prácticas y adquirir experiencia en su enseñanza.

¿Puedo dejarle mi cuarzo maestro cuántico a otra persona de mi confianza?

Puedes hacer lo que tú sientas en cada momento, pero su resonancia está afinada contigo y sólo contigo, con nadie más. No son objetos sin sentido, son seres de consciencia mineral que han llegado a tu vida para trabajar en tu camino evolutivo.

¿Puedo compartir las enseñanzas recibidas con mis cuarzos maestros cuánticos con mi pareja o con mis amistades personales?

Si así lo sientes, sí. Pero ten en cuenta que las enseñanzas y experiencias vividas no son intelectuales y, en ocasiones, al poner en palabras lo que has sentido y visualizado, se desvirtúa por el hecho de que es una experiencia del corazón, no de la mente ni de la razón, es algo que sucede en ti, no una experiencia que te pasa a ti, que no es lo mismo, y a la hora de explicarlo te puede resultar complicado compartir los matices de una experiencia exclusivamente personal y de sentido e interpretación personal.

¿Qué ocurre si alguien ajeno a mi toca mis cuarzos maestros cuánticos?

No ocurre nada grave; puede que si eres muy sensible, sientas que la sintonía se ha debilitado, ya que cada uno de tus cuarzos maestros cuánticos está sintonizado contigo y sólo contigo, por lo que es conveniente que no los tengas expuestos a la vista en cualquier lugar como si fueran objetos decorativos y que después de cada meditación-conexión los dejes guardados en una caja o lugar personal y especial de tu elección.

¿Puedo utilizar mis cuarzos maestros cuánticos en terapia presencial con mis pacientes?

Los cuarzos maestros cuánticos son cuarzos personales para tu propio proceso evolutivo, no para utilizarlos en terapia presencial, a menos que así te lo diga tu intuición. Personalmente siento que tienes varios cuarzos maestros que puedes elegir y utilizar para aplicarlos en terapia presencial, cuya información la tienes en mi libro *Cuarzos maestros*, de la editorial Edaf. Las maestrías cuánticas de este libro son para tu propio camino y proceso evolutivo.

¿He de limpiar mi cuarzo cuántico después de cada meditación o conexión?

Si así lo sientes, sí.

¿Puedo tener más de un cuarzo maestro cuántico Semilla Atlante o de cualquier otro cuarzo cuántico?

Sí, puedes tener todos los que quieras. Por ejemplo, el cuarzo cuántico Semilla Atlante es para sembrar en él un propósito, pero puede que tengas dos o más propósitos a la vez, por lo que puedes tener dos o más cuarzos Semilla Atlante e interactuar con ellos a la vez en diferentes momentos al tratarse de cuestiones diferentes.

¿Puedo trabajar más de un propósito de vida con el mismo maestro cuántico Semilla Atlante?

No. Lee detenidamente todo el apartado del libro dedicado a la siembra de propósito en un cuarzo maestro cuántico Semilla Atlante: el enfoque es para un solo propósito. Si tienes más de un propósito, tendrás que tener un cuarzo Semilla Atlante para cada propósito.

¿Puedo ayudar a otra persona realizando la meditación o la conexión con mis cuarzos cuánticos?

No. Los cuarzos cuánticos son personales. Si la persona a la que quieres ayudar está interesada en ellos, tendrá que aprender, comprometerse y responsabilizarse de su propio proceso transformador.

¿Qué pasa si no tengo interés por las realidades angélicas y arcangélicas?

No pasa nada, no todos tenemos el mismo tipo de afinidades e inquietudes; sencillamente, no tienes sintonía con la enseñanza y cualidades del cuarzo cuántico Solar Atlante.

¿Puedo trabajar en las enseñanzas cuánticas de mis cuarzos con varios de ellos a la vez?

Sí, siempre y cuando no te disperses, ya que lo más importante es el enfoque, por lo que mi sugerencia es que vayas paso a paso, sin prisas, disfrutando de la enseñanza de cada uno de ellos.

¿Cuánto tiempo es conveniente dedicarle a una misma maestría cuántica antes de pasar a la siguiente?

Eso lo sabrás de manera intuitiva, sobre todo ten en cuenta que los cuarzos maestros cuánticos están más allá del tiempo, lo que quiere decir que no se trata de tiempo, sino de que integres la información y enseñanza que puedes recibir de cada uno de ellos.

¿Qué maestría cuántica es más sencilla y cuál de ellas es más complicada?

La enseñanza no puede ser calificada ni de sencilla ni de complicada; ésos son parámetros o expectativas de la mente racional. Todas las enseñanzas son enriquecedoras dependiendo del nivel de compromiso, de práctica y de resonancia que tengas con cada uno de ellos, pero la más laboriosa de todas las maestrías cuánticas, por la dedicación y el tiempo de interactuación con el que tienes que comprometerte contigo mismo, es la del cuarzo maestro cuántico Semilla Atlante.

¿Todo el mundo puede acceder a las meditaciones y conexiones que propones en este libro?

Todo el mundo que sepa meditar, sí. Todo el mundo que tenga interés en aprender a meditar y a visualizar, sí. Todo el mundo que sienta con certeza que la capacidad del cerebro es multidimensional, atemporal y holográfica, sí. Todo el mundo que cierra los ojos y espera ver como si fuera vidente, no. Todo el mundo que espera efectos especiales de magia, no.

Según tu experiencia, ¿sabes si alguien ha tenido alguna vivencia desagradable al realizar alguno de los trabajos energéticos que propones en el libro?

No, todo lo contrario, las experiencias que me han compartido y las que yo he guiado de manera presencial siempre han resultado edificantes, positivamente alentadoras y gratificantes, reveladoras y beneficiosas. El hecho de pensar que puedes tener una experiencia desagradable al trabajar con la consciencia cristalina sólo te perjudica y te bloquea, o quizá es que no sientes ni la empatía ni el vínculo con las maestrías de los cuarzos; recuerda que las dudas pertenecen a los miedos del ego y a la mente racional que todo lo puede cuestionar con desconfianza, por lo que a la más mínima duda, no realices ninguno de los trabajos propuestos. Ten en cuenta que yo sólo te ofrezco la información; la responsabilidad de llevarla a la práctica es tuya y de cada persona que así lo decida.

¿A partir de qué edad recomiendas que se puede recibir y practicar las meditaciones y los trabajos energéticos propuestos en las enseñanzas de los cuarzos cuánticos?

Más que de la edad, depende de la madurez emocional; hay personas muy jóvenes a las que desde temprana edad les interesan estos temas, la meditación, la visualización, las maestrías de los cuarzos, y en ese sentido no se trata de una edad determinada, sino de un sentimiento de afinidad e inquietud personal.

¿Existen más maestrías cuánticas además de las siete propuestas en tu libro?

Seguramente sí, pero con las que yo me he especializado después de años de experiencia es con las siete de las que trata la enseñanza contenida en este libro.

¿Puedo dormir con mi cuarzo maestro cuántico?

Si así lo sientes, sí.

¿Podrías recomendarme un cuarzo cuántico que me resulte eficaz a pesar del poco tiempo que tengo para meditar?

Más que un cuarzo, lo que te recomiendo es que organices tu calidad de tiempo, ya que no se necesita cantidad de tiempo sino dedicación y enfoque, puede ser una hora a la semana que te dediques para ti sin presión y sin prisas, entonces, cualquiera de los cuarzos cuánticos con los que decidas interactuar hará que sea una experiencia enriquecedora.

¿Cuál de los siete cuarzos maestros cuánticos es tu preferido?

Todos y cada uno de ellos me han aportado y me siguen aportando bienestar, autoconocimiento y alegría, por lo que no tengo ninguno preferido en particular, todo depende del momento o del sentimiento de lo que pretenda en cada situación personal.

¿Puedo enseñar y guiar a otras personas todo lo que explicas en el libro o se necesita alguna especie de certificado o capacitación?

Lo único que necesitas es no tener prisa y mucha práctica por y para ti: la enseñanza de cada uno de los cuarzos cuánticos es inagotable y forma parte del personal camino de autoconocimiento evolutivo; puedes estar años con cada uno de ellos, porque el aprendizaje y su sabiduría nunca tienen fin. Mi sugerencia es que no pretendas correr sin haber aprendido a caminar.

¿Cuánto tiempo tardaste en aprender todo lo que explicas en el libro?

Años de práctica, muchos años, y aún no he terminado; el aprendizaje no termina nunca.

¿Qué pasa si me duermo mientras estoy meditando o realizando una conexión con mi cuarzo cuántico?

No pasa nada, pero para no dormirte es mejor que realices la práctica en posición sentada, no tumbada, y sobre todo que no estés cansado para evitar dormirte.

¿Puede una persona con depresión realizar las actividades meditativas que propones en el libro?

Depende de las cusas que han motivado la depresión y el grado de intensidad de la misma; la depresión paraliza el estado de ánimo hasta que no se supera. Generalmente una persona con depresión apenas tiene motivación para emprender ninguna actividad de conexión consigo misma, sobre todo si está tomando medicación, y en cualquier caso tendrá que seguir las pautas recomendadas por el profesional de la salud que la esté tratando.

¿Puede una persona con un problema de salud grave beneficiarse de las enseñanzas de los cuarzos maestros cuánticos?

Depende de su decisión y de sus inquietudes personales; cada persona es diferente y cada experiencia en la recuperación de la salud es diferente. Si se trata de una persona a la que le gusta meditar, sí, le resultará alentador. Si se trata de una persona que nunca ha meditado ni siente ningún vínculo con los cuarzos maestros o si se toma esta información como un recurso más de «a ver qué pasa», no pasará nada, no se dará el enfoque suficiente.

¿Pueden darse sueños vinculantes o relacionados mientras se trabaja con las maestrías de los cuarzos cuánticos?

Sí, por eso es importante tomar notas personales, sobre todo porque los sueños sólo los puede interpretar uno mismo, que es quien relaciona su significado con los acontecimientos y circunstancias de su propia vida.

Nota importante de la autora

Es fundamental que determines, después de leer todos los pasos de los que consta toda la información contenida en este libro, que decidas libremente y bajo tu total responsabilidad, si estás preparado para llevarlo a la práctica, ya que te recuerdo que yo sólo te brindo la información, información contrastada y guiada en cientos de ocasiones de manera presencial donde jamás ha existido ningún tipo de experiencia inquietante, todo lo contrario, los resultados de esta práctica son, además de edificantes, sanadores, positivos y alegres. Pero recuerda que la responsabilidad de llevar a la práctica éste o cualquiera de los trabajos energéticos de meditación sugeridos en este libro es tuya y solamente tuya.

Agradecimientos

En primer lugar, quiero agradecer a todas y cada una de las personas que a través de los años han participado, con ilusión, entrega, entusiasmo y compromiso, en el curso presencial de «Las siete maestrías de los cuarzos cuánticos», por su contribución, a través de su experiencia práctica, en el enriquecimiento de toda la información contenida en este libro y de la mía propia, porque ellos, mis alumnas y alumnos de tantas ciudades y nacionalidades han sido, son y serán siempre mis auténticos maestros. Gracias. Gracias a todas y todos, por compartir vuestras experiencias, por ampliar la información de las posibilidades, intensas e inmensas, que nos ofrece la sabiduría de los seres cristalinos.

Agradezco de todo corazón a todas las personas que me han enseñado, a lo largo de mis años de formación, sobre los secretos e importancia de la música, de los sonidos primordiales, de los cantos vocálicos, de la escala Solfeggio, de los mantras sagrados, de las palabras de poder.

Mi más profundo agradecimiento a ti, querida lectora o lector que estás leyendo estas palabras, por tu pasión y vínculo con las enseñanzas de los cuarzos y por leer mis libros sobre las cualidades energéticas de los minerales.

Gracias infinitas también a mis maestros de registros akáshicos en Argentina (Mario Sánchez) y en Uruguay (Jorge Mendioroz).

Y para terminar, agradezco muy especialmente a Anna Mañas, mi editora, por la profesionalidad, impecabilidad y calidad humana, por creer y apoyar siempre mi trabajo. Gracias.

Con amor y gratitud
Nina Llinares

Más información de la autora

www.ninallinares.com
Facebook: https://www.facebook.com/pages/Nina-Llinares
Instagram: @ninallinares1

LIBROS DE NINA LLINARES

Almas gemelas. Editorial EDAF
Alquimia del alma. Editorial EDAF
Atlántida-Avalon. Escuela de Enseñanzas Atlantes
Avalon, el reino de las mujeres
Avalon, oráculo de conexión. Ediciones Obelisco
Avalon, sacerdocio sagrado. Grupo Editorial Círculo Rojo
Cristales de sanación. Editorial EDAF
Cristales de sanación para mujeres. Ediciones Obelisco
Cuarzos maestros. Editorial EDAF
El masaje atlante. Editorial EDAF
El templo de la seducción. Escuela de Enseñanzas Atlantes
Entre seres de luz. Editorial Ricardo Vergara (Argentina)
Los 7 linajes de las hadas. Ediciones Obelisco
Manual de aplicación de los cuencos tibetanos. Ediciones Obelisco
Masaje atlante. Los tres niveles del masaje atlante. Editorial EDAF
Masaje áurico con plumas de poder. Editorial Longseller-Devas (Argentina)
Mujeres que tejían alfombras voladoras. Escuela de Enseñanzas Atlantes
Niños cristal. Editorial Longseller-Devas (Argentina)
Niños índigo. Guía para terapeutas, padres y educadores. Editorial Kier
Oráculo de los cristales de compañía. Ediciones Obelisco
Rayo violeta, historia de La-Ra.
Registros Akáshicos. Preguntas, respuestas y aclaraciones. Editorial EDAF

ÍNDICE

Dedicatoria . . . 7

CUARZOS CUÁNTICOS, MAESTRÍAS ATLANTES . . . 9

Información desvelada . . . 10

Formato de cada maestría cuántica . . . 11

Cuarzo: una realidad aparte . . . 11

El color de los cuarzos maestros cuánticos . . . 12

¿QUÉ ES UN CUARZO CUÁNTICO? . . . 17

Maestro personal . . . 17

Pensamiento cuántico: cualidad del cerebro . . . 18

¿Se vuelca toda la información que contiene un cuarzo maestro cuántico? . . . 18

¿Es necesario tenerlo físicamente? . . . 18

El cuarzo cristal: condensador pránico . . . 19

Cuidados especiales para cada uno de tus cuarzos cuánticos . . . 20

LOS SIETE CUARZOS MAESTROS CUÁNTICOS . . . 23

Sus denominaciones . . . 23

Las siete maestrías cuánticas . . . 24

La enseñanza de cada uno de los maestros cuánticos es: . . . 24

CUARZO MAESTRO CUÁNTICO URANTIA . . . 25

Reconocimiento visual . . . 25

Teoría . . . 26

Práctica de conexión . . . 29

Preguntas que puedes formular para recibir información . . . 32

Cualidades del cuarzo amatista súper siete como amatista especial . . . 36

Usos y aplicaciones del cuarzo amatista súper siete . . . 37

CUARZO CUÁNTICO DEL MAESTRO . . . 41

Reconocimiento visual . . . 41

Su nombre . . . 42

Teoría 43
Práctica 46
Cualidades del cuarzo cuántico del Maestro 53
Cualidades del cuarzo amatista auralita 23 56

CUARZO CUÁNTICO ESFINGE 59
Reconocimiento visual 59
Teoría 60
Práctica 69

CUARZO CUÁNTICO ARCHIVO AKÁSHICO 75
Reconocimiento visual 75
Teoría 76
Práctica 78
Tratamiento revitalizador con pirámides de cuarzo tallado 85
Pasos 86
Afirmaciones 87

CUARZO CUÁNTICO ULURU 91
Reconocimiento visual 91
Uluru 93
Teoría 94
Práctica 99

CUARZO CUÁNTICO SOLAR ATLANTE 103
Reconocimiento visual 103
Teoría 105
Cualidades energéticas de los colores 112
Práctica 121

CUARZO CUÁNTICO SEMILLA ATLANTE 127
Reconocimiento visual 127
Práctica 135
Ritual diario durante 33 días 140

TU VÍNCULO CON LOS CUARZOS MAESTROS CUÁNTICOS 143

LA IMPORTANCIA DE LA MÚSICA DE MEDITACIÓN 145
Bienestar para el cuerpo y la mente 145
Hábito diario 146
Características de la música 146
Paz en el cerebro 148
Ondas cerebrales 148
Genoma humano 149
Las diferentes frecuencias vibratorias 149
Hertzios 150

Alta sensibilidad 150
Desde el corazón. 150
Con inspiración 151
Escala Solfeggio 151
Cuerpo, mente, espíritu 153
Otras frecuencias sanadoras. 154

PARA FINALIZAR 155
Integrar a tu ritmo 155
Preguntas frecuentes 157
Nota importante de la autora 163
Agradecimientos 163
Más información de la autora 164

LIBROS DE NINA LLINARES 165

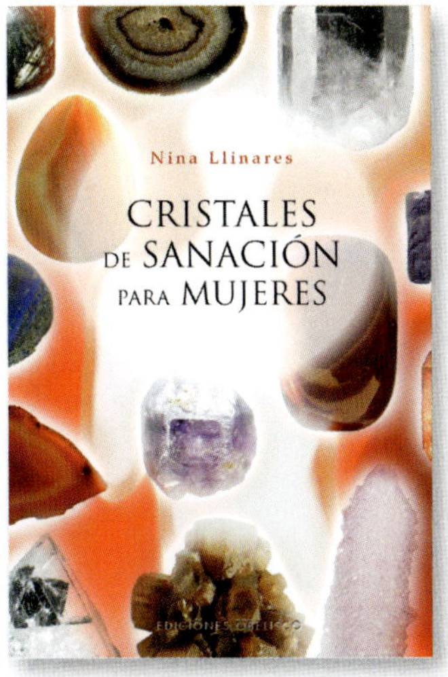

En este libro-guía encontrarás todos los cristales que más se adecuan a la energía femenina. Evidentemente, sus atributos, usos y aplicaciones no se limitan únicamente a las mujeres; sin embargo, estos minerales aportan cualidades especiales y específicas para la naturaleza femenina tanto a nivel terapéutico como personal. Los cristales de sanación que se describen en este libro actúan en tres niveles y son muy eficaces para el cuerpo, la mente y el alma. Magníficamente ilustrado con fotografías a todo color, este manual pone al alcance del público las cualidades vibracionales, sanadoras, estabilizadoras, reveladoras y mágicas de 46 minerales. Una buena conexión con el reino de los minerales, constituirá un apoyo valiosísimo para la mujer, ya que la ayudará a sacar lo mejor de sí misma en todo momento, clarificando su mente, ampliando su conciencia y afianzando sus cualidades y dones personales.

Oráculo de los cristales de compañía es una maravillosa guía mágica y dinámica para, en el día a día, aplicar la poderosa magia de los cristales de sanación. Tanto las imágenes como la información contenida en cada una de estas 45 cartas tienen la finalidad de enriquecer nuestra experiencia diaria y ampliar la información práctica de sus propiedades. La belleza de los minerales elegidos nos permitirá reconocerlos e identificarlos de manera rápida y sencilla. Los cristales de sanación nos eligen a modo de invitación para que los incluyamos en nuestra vida como minerales de compañía.

El mazo de 45 cartas puede utilizarse de varios modos y uno más: el que tú quieras otorgarle de manera personal y única. Cada carta consta de preciosas imágenes de los minerales considerados tradicionalmente medicina holística por sus propiedades armonizadoras. En cada una de ellas se ofrece una manera característica de centrar la atención durante todo el día mediante una afirmación especial.

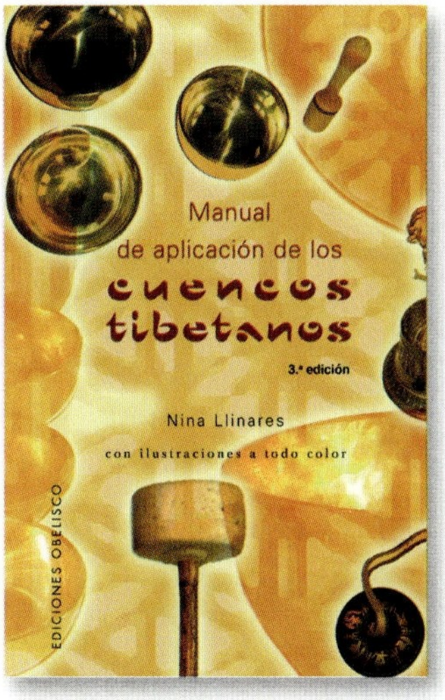

Como cualquier otro instrumento musical, el cuenco tibetano emite un sonido muy agradable al oído, pero es el único capaz de hacer llegar su melodía directamente al alma humana, sanándola. La vibración del cuenco, un auténtico sonido sagrado, expande el campo bioenergético, desbloquea los chakras, acompaña la meditación y la visualización, además de inducir al trance reconciliando el individuo consigo mismo y con el universo. Con este libro, un completo y práctico manual de terapia vibracional para aplicar con los cuencos tibetanos, aprenderás a elegir tu propio cuenco y utilizarlo para los rituales de limpieza energética con el fin de alcanzar un bienestar espiritual y físico duradero. Con ilustraciones a todo color.